La loi de l'attraction

VICTORIA JACKSON

La loi de l'attraction

LE MANIFESTING
ou comment gagner par la puissance de la volonté

MARABOUT

Publié pour la première fois au Royaume-Unis en 2022
sous le titre *Manifesting for Beginners: A step-by-step guide to attracting a life you love* par Aster, département de Octopus Publishing Group Ltd
Carmelite House, 50 Victoria Embankment
London EC4Y 0DZ

Traduction : Valentine Palfrey
Mise en pages et suivi éditorial : Else

Dépôt légal : octobre 2022
Imprimé en Espagne par Graficas Estella.

65-7645-0
978-2-501-17275-2

Sommaire

Avant-propos

Si vous aviez dit à la jeune journaliste que j'étais (une vingtaine d'années, cynique, stressée...) qu'à 30 ans je vivrais entourée de cristaux, méditant chaque matin et consacrant mes journées à enseigner comment le pouvoir de l'esprit peut changer la réalité, j'aurais ricané.

Non... j'aurais ricané ET lâché le petit violon dont je m'obstinais à jouer tous les jours ET levé les yeux au-delà du ciel. Car lorsque l'on estime subir son quotidien au lieu de le choisir, difficile de se débarrasser de cet état d'esprit négatif et victimaire.

La vie nous tombe dessus et nous n'y pouvons rien, c'est ça ? Oh que non.

Sur le papier, je menais « la belle vie ». À 25 ans, j'avais gravi les échelons jusqu'à devenir rédactrice en chef d'un magazine de mode masculine. Je sillonnais le monde et, au cours de mes voyages, rencontrais des gens passionnants.

Sur mes réseaux sociaux, je n'étais que paillettes, glamour et farandole de chouettes tampons de visas sur mon passeport.

Pourtant… entre stress et manque de sommeil, je me sentais engluée dans des limbes énergétiques. Car si la vie semblait me combler, j'avais envie d'autre chose. Avez-vous déjà culpabilisé parce que la photo que vous venez de poster sur Instagram ne reflète en rien votre réalité ?

J'avais envie de quelque chose qui fasse vibrer mon âme. Qui me comble. Qui me donne envie de me lever le matin au lieu de sangloter en douce dans les toilettes du bureau.

Et c'est ainsi que, au moment où j'en avais le plus besoin, je suis tombée sur un livre traitant de la loi de l'attraction et son fabuleux complice, la manifestation.

Cette découverte fut-elle une simple coïncidence, ou a-t-elle été mise sur mon chemin par une puissance supérieure pour m'aider à trouver la vie que je devais vivre ? Une fois ce livre terminé, j'espère que vous pencherez pour la seconde hypothèse.

Incapable de demi-mesure, je me suis mise à dévorer tout ce que j'ai pu à propos de ce concept peu familier. J'écoutais des livres audio dans ma voiture en allant au bureau, je lisais un nouveau livre à chaque trajet en avion, j'écumais Internet à la recherche de témoignages. Je me suis immergée dans un monde nouveau d'experts, d'études et d'éveil spirituel.

L'idée qu'une puissance supérieure m'accompagnait sur le chemin de la vie a résonné en moi. Pour vous, ce peut être la Source, Dieu, vos guides spirituels ou vos ancêtres ; pour moi, c'était l'univers. J'étais parvenue à un point de mon existence où je ne savais plus vers quoi me tourner, et je trouvais là quelque chose en quoi enfin placer ma confiance pour me guider dans la bonne direction. Si vous connaissez la formule « demander, croire, recevoir » – synonyme de manifestation – alors vous savez que nous demandons à l'univers de réaliser notre désir, nous croyons que nous le portons déjà en nous et sommes ouverts à l'idée de le recevoir, quelle que soit la façon dont il entre dans notre vie.

J'ai commencé par de petites expériences, histoire de mettre mon cynisme à l'épreuve. À vrai dire, j'ai commencé « petit » car je ne comprenais pas comment il était possible d'attirer quoi que ce soit dans sa vie uniquement par la pensée. J'étais tout à fait prête à accepter une nouvelle réalité, mais j'avais besoin de « voir pour croire », comme avec tout ce qui est inconfortable et nouveau.

J'ai commencé par demander à l'univers de me montrer une plume rose. Et j'ai attendu patiemment. OK, pas tout à fait « patiemment ». Je pourrais vous dire que j'avais lâché prise et que je n'y pensais plus… mais cette plume m'obsédait.

« Oh, une plume par terre ! Elle est blanche mais un peu rose, non ? »

« Big Bird de Sesame Street ! Univers, j'ai demandé une plume rose, mais tu as compris jaune ? Est-ce ma manifestation ? »

« Hé ! Univers ! Tu as compris "brume" au lieu de "plume" ? »

Bien sûr, deux jours plus tard, je recevais un courrier. Collée à la lettre… une plume rose. Coïncidence ?

Au début, j'ai pensé que ça pouvait l'être. Puis j'ai continué à développer une mentalité plus positive et à me convaincre que mes pensées avaient plus de pouvoir que je ne le croyais. J'ai commencé à favoriser la manifestation de plus en plus de choses – une place de stationnement, une amie qui m'envoie un message après que j'ai pensé à elle, un café offert dans mon bistro préféré, un ex-petit ami qui me contacte pour tourner enfin la page, de belles sommes inespérées (loterie, remboursements… soit en l'espace de trois ans, près de 200 000 € au niveau personnel et professionnel).

Et puis vint la manifestation qui devait changer la trajectoire de mon existence.

Un dimanche soir, assise dans mon lit, j'ai demandé à l'univers de m'aider à trouver une issue à ma carrière. J'ai fermé les yeux et imaginé être mon propre patron, construire quelque chose pour moi. Je ne savais pas trop ce qui m'attirait, mais j'imaginais cette liberté de travailler n'importe où.

M'installer avec mon ordinateur et écrire. Partager mes expériences. Sans limites de revenus ou de jours

La formule « demander, croire, recevoir » est synonyme de manifestation.

de congé.

Le lendemain, mon magazine fermait et j'étais licenciée. Si j'attendais un signe de l'univers… il venait de me tomber dessus.

J'ai fait le grand saut.

Et me voilà aujourd'hui. J'écris ces lignes en ma qualité de coach de vie certifiée ; praticienne de PNL (Programmation Neuro-Linguistique) et EFT (Technique de Libération Émotionnelle) ; leader de communauté ; podcasteuse à succès et fondatrice de The Manifestation Collective, une communauté en ligne qui aide des milliers de personnes à travers le monde à changer leur réalité grâce au pouvoir de l'esprit.

Très honnêtement, je n'ai plus rien de commun avec la femme décrite dans les premières lignes de cet avant-propos. J'attire une vie que j'aime vraiment et mon objectif, au rythme de ces pages, est de vous aider à faire de même.

INTRODUCTION

Propulsée dans la catégorie pop culture par les réseaux sociaux, la manifestation, pour beaucoup, peut encore sembler un phénomène récent, mais les principes de la loi de l'attraction sont débattus et utilisés depuis des siècles.

Manifestation et loi de l'attraction

Dans sa forme la plus simple, la loi de l'attraction est la loi universelle selon laquelle ce qui se ressemble s'assemble. Plus vous libérez de pensées et d'intentions positives dans le monde, plus vous recevrez d'énergie positive en retour, comme un aimant. De même, plus votre état d'esprit est négatif, plus vous vous focalisez sur les opportunités, les relations et les situations négatives autour de vous.

La manifestation est l'art d'utiliser ses pensées pour façonner sa réalité et attirer des désirs spécifiques. « Manifester », c'est faire en sorte que quelque chose se produise.

Vous et moi « manifestons » depuis le jour de notre naissance. Sans doute pas consciemment, mais nous « manifestons » tout de même.

Je me souviens qu'enfant, j'étais convaincue d'être dotée de pouvoirs magiques quand je voyais se concrétiser quelque chose que j'avais imaginé. Étais-je médium ? Sorcière ? Ou ai-je vraiment sollicité la manifestation que porter une robe par-dessus un jean soit une tendance des années 1990 ?

Associées, la loi de l'attraction et la manifestation sont des outils puissants qui changent la vie. Vous le verrez au fil de ces pages.

La manifestation est l'art d'utiliser ses pensées pour façonner sa réalité et attirer des désirs spécifiques.

Histoire de la manifestation

Il s'avère que les enseignements alternatifs et les positions abstraites sur la force de l'esprit existent depuis des siècles.

Le terme « loi de l'attraction » est attesté en littérature dès les années 1870, lorsque l'auteure et philosophe russe Helena Blavatsky évoque la connexion entre les esprits. Toutefois, le mouvement de la Nouvelle Pensée, qui prend forme au début du XIXe siècle, ainsi que les enseignements religieux antérieurs ont souvent partagé la conviction selon laquelle ce que nous libérons dans le monde nous revient.

Au XXe siècle, des penseurs tels que Napoleon Hill (auteur de *Réfléchissez et devenez riche*), Norman Vincent Peale (*La Puissance de la pensée positive*) et Louise Hay (*Transformez votre vie*) ont approfondi l'idéologie spirituelle étayant la loi de l'attraction.

Cependant, l'une des incursions les plus populaires dans le monde de la manifestation est venue de Rhonda Byrne, auteure et productrice de télévision, créatrice du *Secret* – documentaire et livre désormais synonyme de loi de l'attraction. Quand un produit aussi alternatif que *Le Secret* est diffusé sur Netflix, l'étiquette « culte » n'est jamais loin.

Cette percée dans les médias traditionnels a permis à une multitude d'esprits de s'ouvrir à un mode de pensée plus singulier et positif, et d'entendre les témoignages de people ayant accepté le pouvoir de la manifestation.

Oprah Winfrey, actrice et animatrice de talk-show, a partagé ses nombreuses réussites de manifestation, mais aucune n'est aussi puissante que sa participation en 1985 à l'adaptation cinématographique du livre d'Alice Walker, *La Couleur pourpre*. Après avoir lu ce livre qui l'avait tant émue, Oprah décida de décrocher un rôle dans le film qui en serait tiré. Elle reçut un jour l'appel d'un agent lui proposant d'auditionner pour un long-métrage, qui s'est avéré être *La Couleur pourpre*. Les mois passèrent ; l'actrice priait et s'efforçait de s'abandonner à ce que l'univers lui réservait… mais rien ne se produisait. Elle finit par totalement lâcher prise… quand le réalisateur Steven Spielberg l'appela pour lui offrir un rôle dans le film.

L'acteur Jim Carrey a lui aussi partagé son expérience : en 1985, en galère à Hollywood, il s'était signé à lui-même un chèque d'un montant de 10 millions de dollars, daté de 10 ans plus tard, chèque qu'il conserva une décennie dans son portefeuille. Pure coïncidence ou exemple étonnant de la puissance de l'univers ? En 1995, exactement 10 ans plus tard donc, Jim Carrey se voyait proposer un rôle dans *Dumb and Dumber* pour un cachet, vous l'aurez deviné, de 10 millions de dollars.

Vous vous dites peut-être : « OK, je peux donc frotter cette hypothétique lampe à manifestation et un génie apparaîtra pour exaucer mes vœux les plus chers » ?

Oui et non. Si le génie des *Mille et une nuits* appartient bien au registre des contes, une manifestation consciente peut réellement transformer des rêves en réalité.

Néanmoins, si l'idée de « demander, croire, recevoir » était aussi simple que ces trois verbes, ce livre n'aurait pas de raison d'être, chaque être humain verrait ses désirs satisfaits et vivrait dans un état d'abondance permanent.

Pourtant, une grande majorité n'a toujours pas conscience de la véritable puissance de l'esprit. Oui, nous sommes des millions à travers le monde à maîtriser l'art de la manifestation pour attirer amour, bonheur, richesse et santé, mais pour la plupart des gens, il s'agit encore d'un concept inconnu, ou d'une absurdité qu'ils préfèrent ignorer.

Les lois universelles

Pour comprendre le fonctionnement de la manifestation au niveau spirituel, il faut d'abord assimiler les lois universelles. Si la loi de l'attraction est la vedette incontestée de ce livre, il existe, de fait, plusieurs lois universelles, invisibles et pourtant imbriquées dans le tissu de notre quotidien.

Selon la loi de l'unité, nous ne faisons qu'un dans l'univers, sous l'égide d'une puissance infinie, qu'il s'agisse d'une créature vivante, de la nature ou de l'énergie. Considérant que les plantes fabriquent l'oxygène indispensable aux humains ; que les humains expirent le dioxyde de carbone qui nourrit les plantes et que nos corps, une fois enterrés, favorisent la luxuriance végétale, il est facile de voir la loi de l'unité à l'œuvre. Étant tous interconnectés par le cercle de l'unité divine, chacune de nos décisions a une répercussion dans le monde.

La loi de compensation est axée sur l'idée de recevoir ce que l'on a diffusé dans le monde, ce qui se résume parfaitement par le fameux « on récolte ce que l'on sème ».

La loi du rythme est le rappel universel que tout passe et que la vie procède par cycles. Les saisons se succèdent et le temps poursuit son avancée, instant par instants. C'est un magnifique « pour mémoire » à l'intention de tous ceux qui se trouvent bloqués dans une « saison » compliquée.

La loi de l'attraction dit quant à elle que nous attirons ce en quoi nous croyons, grâce au pouvoir de la pensée et de l'énergie, concept complété par une autre loi universelle : la loi de vibration. Tout ce qui nous entoure, même une matière immobile ou solide, y compris ce livre et votre propre corps, est fait d'énergies vibrant à des fréquences différentes. Et la fréquence à laquelle nous vibrons nous renvoie cette même fréquence, comme un aimant.

Bonnes vibrations

En émettant une fréquence particulière, nous nous mettons à l'écoute de fréquences similaires – comme lorsque nous cherchons la fréquence de notre station de radio préférée. Comment maîtriser cette fréquence vibratoire ? Grâce au pouvoir de l'esprit.

Quand dans notre esprit affluent des pensées vibratoires élevées de gratitude, de joie, d'enthousiasme et d'optimisme, notre énergie corporelle augmente. Au contraire, si la fréquence vibratoire est basse, nos pensées sont faites de colère, de ressentiment, de frustration, de culpabilité et de bassesse.

Avez-vous déjà remarqué ? Si vous être de bonne humeur, vous attirez des personnes dans le même état d'esprit, tout semble couler de source et la journée est ponctuée de petites bulles de bonheur (une place de parking, un billet retrouvé au fond d'une poche…) ?

À l'inverse, si vous vous levez du pied gauche, vous marchez sur le tube de dentifrice, vous vous cognez le petit orteil sur le pied de la commode et la journée démarre mal.

Dans ce cas, le corps vibre à une fréquence moins élevée et nous attirons des gens et des situations en adéquation avec cette vibration.

Comment influer sur les émotions pour changer la vibration corporelle ? Grâce au pouvoir de la pensée.

Toutefois, pour réellement modifier la fréquence vibratoire, il est impératif de modifier en amont le paradigme, c'est-à-dire l'ensemble des habitudes et des informations qui ont programmé le subconscient. C'est pourquoi il ne suffit pas de demander à l'univers de manifester nos désirs en ayant des pensées positives : il faut d'abord corriger les croyances limitantes ancrées dans le subconscient.

Car nous aurons beau demander, si nous ne croyons pas, comment recevoir ?

Bonne nouvelle : au fil des chapitres, outils et astuces vous seront proposés pour vous aider à débloquer les capacités de votre subconscient, pour exploiter enfin les pouvoirs de la manifestation consciente.

Prenez ce livre, par exemple. Je crois sincèrement avoir favorisé la manifestation de l'opportunité de rédiger ces pages, déjà à sept ans, lorsque j'ai informé mes parents de mon souhait de devenir « livreuse » quand je serai grande (j'entendais par-là « écrire des livres », mais je les ai bien fait rire !). Ensuite, quelques années plus tard, j'ai affirmé sur les réseaux sociaux qu'un jour – avec l'aide de l'univers – je signerai un contrat d'édition.

Et j'ai donné naissance à ce livre.

J'ignorais comment et quand, mais je savais que je pouvais aller à la rencontre de l'univers. En partageant mes écrits en ligne ; en accomplissant le travail mental nécessaire pour croire que j'étais capable de mener à bien un tel projet ; en réunissant les conditions d'une fréquence vibratoire élevée à l'idée de voir un jour mon nom trôner dans les bibliothèques du monde entier, j'ai pu attirer les opportunités appropriées pour que cela se produise.

Manifester, c'est réfléchir à ce que l'on veut vraiment dans la vie, demander à la puissance supérieure qu'est l'univers de nous aider à matérialiser cette intention et chercher les moyens d'y parvenir par le biais d'opportunités, de personnes et d'actions harmonieuses. C'est croire que la manifestation est déjà là, attendant la bonne combinaison énergétique pour se révéler.

ÉTAPE 1

Visualiser son « moi » futur

Que vous chuchote votre âme ? Cette question peut provoquer soit une réponse enthousiaste soit un silence éloquent (ai-je vraiment une âme ? Et, si oui, pourquoi ne me parle-t-elle pas). Alors, avant de découvrir comment embrasser la magie de la manifestation, je voudrais vous parler du pouvoir de votre « moi » actuel sur votre « moi » futur.

Alignement

Le processus permettant d'accéder à son « moi » optimal – une version reflétant son potentiel le plus complet et le plus joyeux – n'est pas facile... mais il est extrêmement gratifiant.

Votre « moi » actuel est exactement ce que vous êtes censé être aujourd'hui. Mon travail, et donc ce livre, ne consiste pas à vous montrer ce qui ne va pas, mais plutôt à créer un espace afin que vous décidiez sur quelles sphères de votre vie vous souhaiteriez augmenter la vibration et changer les choses de la façon la plus positive qui soit.

Vous méritez une existence qui vous donne envie de vous lever le matin. Vous méritez un « alignement », un mot que j'emploierai souvent dans ces pages car il est synonyme de manifestation. Atteindre l'alignement, c'est ressentir une harmonie dans toutes les sphères de sa vie, c'est une unité entre vos objectifs de l'âme (voir p. 29-33) et vos actes. Si vous vous sentez angoissé, déstabilisé, fatigué ou irrité, ou si vous avez l'impression que quelque chose « ne va pas », vous n'êtes pas aligné d'un point de vue spirituel.

Vous méritez une existence qui vous donne envie de vous lever le matin.

Accepter le changement

Vous affirmer que vous pouvez créer une vie qui vous plaît n'est pas de la positivité à marche forcée. Loin de moi l'idée de vous donner un faux sentiment de bonheur, où la vie ne serait qu'un long fleuve tranquille. Non, je parle ici de changer d'état d'esprit afin d'ouvrir le champ des possibles et de transformer vos rêves en moments tangibles.

Aujourd'hui, nous sommes nombreux à être prisonniers d'une routine, comme le hamster dans sa roue. Nous sommes incapables d'analyser ce qu'il faudrait changer dans notre vie, ni d'où vient le véritable bonheur, parce que le quotidien nous broie.

J'en sais quelque chose : j'ai vécu près de 10 ans dans ce type d'énergie. Je me souviens du jour où je suis allée au bureau en voiture, pestant contre les heures perdues dans les embouteillages, contre une journée de travail sans perspective, contre les délais intenables… Je m'en voulais d'avoir tardé à me lever. Et j'ai pensé : « C'est ça ? C'est ça ma vie maintenant ? ».

J'avais l'impression de ne plus contrôler mes pensées négatives, que mon corps vibrait à une fréquence si basse que j'étais désormais incapable de voir les bons côtés de ma vie, ni bien sûr de les apprécier. Pire encore : je ne faisais aucun effort pour changer cet état de fait.

En vérité, la plupart d'entre nous hésitent à briser ce quotidien répétitif et si prévisible car, s'il ne nous comble pas, il nous maintient dans notre zone de confort – ce que notre mental apprécie beaucoup.

Cherchant constamment à économiser de l'énergie, le mental revient au réglage « par défaut » dès qu'il en a l'opportunité. Il est conçu pour tout rationaliser, les bonnes comme les mauvaises habitudes qu'il programme en mode automatique dans notre système limbique (la partie du cerveau qui gère souvenirs, émotions, habitudes et comportements) pour ne pas avoir à travailler trop dur.

Après tout, le cerveau traite des millions d'informations chaque minute, filtrant tout pour décider ce qui est utile et ce qui ne l'est pas, et s'il est nécessaire de réagir face à un éventuel danger. Car son unique rôle est d'assurer notre sécurité.

C'est pourquoi les changements positifs paraissent si difficiles au début. Vous obligez votre mental à changer et sa réaction première est de résister. Heureusement, le subconscient peut être reprogrammé avec de nouvelles croyances et habitudes.

Et aujourd'hui est le jour idéal pour adopter un changement dans sa tête, son corps et son âme.

Jamais auparavant notre génération n'a dû faire face à un contexte si incertain – réchauffement climatique, pandémie, crises économiques, instabilité du marché du travail… Pas étonnant que l'idée de sortir de sa zone de confort soit trop difficile à appréhender.

Néanmoins, notre génération a plus de choix que jamais. Plus d'accessibilité. Plus d'opportunités. L'incertitude actuelle est riche de possibilités, à condition de s'abandonner à l'énergie de ces possibles. Pour cela, il faut être à la fois présent et à l'écoute de soi-même.

Posez-vous la question : la société (famille et amis compris) a-t-elle pétri votre quotidien en une vision de vous-même qu'elle considère comme idéale ?

Il est facile de devenir celui que les autres veulent que nous soyons. Vous avez peut-être suivi les études que vos parents désiraient pour vous. Vous vous êtes installé dans une relation pour ne pas être la seule personne célibataire de votre groupe d'amis. Vous travaillez dans un environnement toxique quand vous rêvez d'être votre propre patron, mais ce que les autres en penseront vous paralyse…

Sans en avoir conscience, vous avez attiré ces situations dans votre existence par votre état d'esprit, vos comportements et vos actions.

Encore une bonne nouvelle : grâce à la manifestation, vous pouvez désormais attirer, en toute conscience, une autre réalité.

Huit lignes pour s'aligner

Voici le premier outil pour comprendre quelles sphères de la vie vous aimeriez voir évoluer positivement. Tracez huit lignes numérotées de 1 à 10. Chaque ligne représente l'une des catégories suivantes :

Famille + amis : réfléchissez à la satisfaction que vous apportent vos relations familiales et amicales, et à la façon dont vous communiquez avec les autres.

Amour : pensez à votre rapport à l'amour – romantique ou non. Avez-vous déjà rencontré l'âme sœur ? Votre vie sexuelle est-elle épanouissante ? La communication doit-elle être améliorée ? Avez-vous envie de plus d'aventure ?

Santé + bien-être : considérez votre bien-être, physique et mental. Votre humeur ? Bougez-vous beaucoup pendant la journée, prenez-vous l'air ? Quel est votre degré d'énergie ? Pour combien d'heures de sommeil ?

Le long de chaque ligne, notez votre épanouissement de 1 à 10.

Vous devriez avoir maintenant une vision claire des sphères qui demandent à être améliorées. Ne vous inquiétez pas si la majorité de vos notes sont basses : la prise de conscience est le premier pas vers le changement.

1 2 3 4 5

Épanouissement personnel : accordez-vous la priorité à votre épanouissement personnel ? Souhaiteriez-vous plus de temps pour lire, vous éduquer ou vous former sur certains sujets ? Êtes-vous comblé par votre degré d'épanouissement actuel ?

Vie professionnelle : votre job vous rend-il heureux ? Pourriez-vous un jour devenir votre propre patron ? Quelles tâches professionnelles vous comblent le plus et êtes-vous satisfait de votre équilibre vie privée / vie pro ?

Argent : réfléchissez à votre situation financière actuelle, à ce que vos revenus et vos dépenses vous permettent de faire.

Environnement : regardez autour de vous : votre ville, votre logement, vos voisins et tous ceux qui partagent votre espace.

Spiritualité ou religion : demandez-vous si vous vous sentez aussi en phase avec votre religion que vous le souhaiteriez ou si vous avez le temps de travailler davantage à votre spiritualité. Pensez à vos croyances, à vos pratiques spirituelles – lesquelles vous procurent le plus de bonheur ?

6 7 8 9 10

Les objectifs de l'âme

Je veux prendre un moment pour vous présenter les objectifs de l'âme. Ceux-ci ont pour vocation de nourrir votre âme, et non de vous faire briller aux yeux des autres, comme un salaire à six chiffres ou un sac à main « bling-bling ».

Les objectifs de l'âme sont dépourvus de valeur monétaire ou de signification matérielle. Ils ne sont pas alimentés par l'égo, ne sont pas destinés à ce que la société puisse affirmer que nous avons « réussi dans la vie ».

Le problème, c'est que nos objectifs sont le plus souvent destinés à trouver le bonheur dans le pré. Le processus est sans fin : nous atteignons un objectif, le bonheur ressenti est éphémère, alors nous déplaçons le curseur… et passons notre vie à courir après un nouvel objectif. Si l'objectif ne nourrit pas l'âme, il ne peut être que fugace.

Je m'étais fixé comme objectif de devenir rédactrice en chef d'un magazine avant mon trentième anniversaire. J'y suis parvenue à 25 ans. Je croyais avoir atteint l'apogée de ma carrière. Cela n'a pas duré. Au fil des ans, mon âme s'est vidée.

Ce n'est que lorsque l'univers m'a conduite à monter mon entreprise et à faire connaître la manifestation que mon âme s'est réellement illuminée – a « éclaté en une boule de feu » serait plus exact.

L'objectif de l'âme n'est pas nécessairement un objectif de vie. Il n'exige pas forcément un changement radical de carrière ou un bouleversement de votre vie privée. Il peut se résumer à nourrir une envie de voyage et de découverte du monde. Il peut être le désir d'une vie harmonieuse et équilibrée, remplie de musique, de rires et de bonheur. Cela peut être travailler pour quelqu'un tout en fondant un foyer joyeux où il fait bon rentrer après le bureau. Ou enseigner une compétence que vous avez développée et perfectionnée.

Pourquoi ces désirs ? Pour vous-même ou pour obtenir une certaine reconnaissance ? Je dis souvent à mes clients : si vous ne pouviez pas poster ceci sur les réseaux sociaux, auriez-vous tout de même envie de le partager ? Dans notre société qui glorifie l'image au rythme de *likes* distribués en ligne par des inconnus, c'est une question qu'il faut se poser en permanence.

Si vous ne pouviez pas poster ceci sur les réseaux sociaux, auriez-vous tout de même envie de le partager ?

Clarifier les objectifs de l'âme

Pour tout novice en matière de développement personnel, il peut être ardu de déterminer des souhaits avec précision. Voici trois méthodes pour s'abandonner à l'énergie de l'exploration.

Prendre ses responsabilités

Rien ne tombera du ciel – il faut assumer la responsabilité de vos décisions. Dans le domaine du développement personnel, la conscience de soi est votre meilleure amie. Vous trouverez page suivante des suggestions pour vous aider à débloquer votre état d'esprit, accepter votre résistance et découvrir vos rêves enfouis.

Explorer

N'ayez pas peur d'explorer et d'expérimenter. La clarté ne consiste pas à attendre que tout tombe tout cru dans la marmite, il faut donc expérimenter pour trouver les objectifs avec lesquels vous serez en phase. Ne redoutez ni les tentatives, ni les erreurs. Vos goûts et préférences évolueront au fil du temps, alors soyez indulgent : ce que vous vouliez il y a un an n'est peut-être plus ce que vous désirez aujourd'hui. L'univers ne vous mettra jamais en échec, il vous aidera à apprendre une leçon ou à jouir d'un bienfait.

Identifier les freins

Passez-vous du temps avec des gens qui ne sont pas en phase avec votre futur « vous » ? Vous ankylosez-vous de nourriture, d'alcool ou autres addictions ? Vous étourdissez-vous de Netflix, de YouTube ou de jeux vidéo ?

Nous faisons des choses qui nous empêchent de voir clairement ce que nous désirons vraiment. Aussi inconfortable que cela puisse sembler au début, lever le pied sur ce genre de distractions permet de mieux nous accorder avec nous-même.

Vous seul savez ce que vous voulez vraiment. Ne l'oubliez jamais.

Décupler la magie de la manifestation… en se posant les bonnes questions

Au calme, confortablement installé, découvrez vos objectifs de l'âme en écrivant noir sur blanc les réponses aux questions ci-dessous.

- Êtes-vous satisfait de votre carrière actuelle ? Si non, pourquoi ?
- Sans limitations ni restrictions, qu'y changeriez-vous ?
- À quoi rêvez-vous de consacrer vos journées ?
- Que feriez-vous professionnellement si la réussite était garantie ?
- Quels petits changements apporteriez-vous aujourd'hui pour être plus heureux au travail ?
- Quel est votre rapport à la compétitivité ?
- De quels aspects de votre carrière êtes-vous reconnaissant aujourd'hui ?
- Quand êtes-vous le plus productif ?
- Que recherchez-vous chez un partenaire ?
- Quelles sont les personnes qui vous sont les plus chères et comment pouvez-vous passer du temps de qualité avec elles ?
- Quelles croyances limitantes vous viennent à l'esprit lorsque vous pensez à votre âme sœur ?
- Comment réécrire ces histoires ?
- Qui devez-vous pardonner ?
- Comment vous aimer davantage ?
- Quand êtes-vous le plus heureux dans une relation ?
- Décrivez le rendez-vous parfait.
- Comment accueillir plus d'amour dans votre vie ?
- Décrivez votre vie idéale. Quelles sont les trois façons dont vous pouvez agir pour vous en rapprocher ?
- À quoi pensez-vous avant de vous endormir ?
- De quoi avez-vous été fier récemment ?
- Quelles sont les cinq choses que vous pourriez faire moins souvent ?
- Qu'est-ce qu'il vous manque ?

- Quand vous sentez-vous le plus en confiance ?
- Si vous deviez mourir demain, que feriez-vous aujourd'hui ?
- Si vous pouviez être n'importe où dans le monde à cet instant, où seriez-vous ?
- Que voudriez-vous voir en regardant par la fenêtre ?
- Quels changements positifs apporter à votre environnement domestique ?
- De quels aspects de votre vie privée êtes-vous le plus reconnaissant aujourd'hui ?
- À la maison, qu'est-ce qui vous stresse et comment y remédier ?
- Comment faire de chez vous un lieu plus relaxant ?
- Sans limitations ni restrictions, décrivez en détail votre maison idéale.
- Chez vous, qu'est-ce qui ne vous sert plus ?
- Vous sentez-vous vraiment « chez vous » ?
- Quel était le rapport à l'argent de vos parents ?
- Quel serait votre revenu mensuel idéal ?
- En cinq mots, décrivez votre rapport à l'argent.
- Quel rapport à l'argent aimeriez-vous avoir ?
- Liez-vous l'estime de soi au montant de votre salaire ?
- Jugez-vous les autres en fonction de leur argent ?
- En matière d'argent, quelle est votre plus grande peur ?
- Si vous aviez un budget illimité, que changeriez-vous ?
- Énumérez toutes les façons dont l'argent pourrait vous parvenir.

ÉTAPE 2

Définir ses intentions

Vous connaissez peut-être l'expression « définition d'intention ». Dans la spiritualité New Age, elle est la complice de la « pleine conscience » et de « l'abondance », mais à l'origine, elle désigne la construction d'une vie qui fait sens.

Objectifs de l'âme vs intentions

Commençons par expliquer l'art de définir une intention, en s'éloignant de son aspect spirituel pour s'approcher de la stratégie qu'elle implique.

Considérons d'abord la différence entre intentions et objectifs de l'âme (voir p. 29-33). Imaginez que vous partiez en *road trip*. La destination est votre objectif de l'âme, la définition d'intention est la carte qui vous aide à y parvenir le mieux et le plus rapidement. Définir des intentions permet d'atteindre des objectifs de l'âme qui ont du sens, non de vous envoyer dans une direction et advienne que pourra. Par exemple, l'un de vos objectifs de l'âme est peut-être d'être vraiment heureux dans votre métier, tandis que votre intention serait d'y occuper une nouvelle fonction, manifestant ainsi le désir d'une promotion ou de gérer une nouvelle équipe.

Considérez l'objectif de l'âme comme le lieu à atteindre, avec l'intention pour GPS.

Une intention permet d'informer l'univers de ce que nous voulons attirer dans nos vies. Le travail effectué au chapitre précédent permettait une introspection générale, il est temps maintenant de réfléchir à ce que vous souhaitez manifester.

Tout au long de ce livre, le but est de revenir à notre état naturel de bonheur sans le besoin d'une « reconnaissance » extérieure. Attention ! Je ne veux pas discréditer les désirs matériels, car la vie est aussi faite du désir et du besoin de choses tangibles – une réalité qui doit donc être honorée.

Établir des connexions

La manifestation moderne peut se définir comme un mélange de spiritualité, d'âme et de science. Elle est la compréhension des bases des neurosciences et de la façon dont une définition d'intention peut changer un état d'esprit, lequel à son tour modifie le comportement, altérant nos actions au quotidien pour bâtir une vie épanouie et harmonieuse.

En définissant une intention, la formation réticulée – la structure nerveuse complexe située à l'extrémité du tronc cérébral – choisit ce sur quoi se focaliser en laissant de côté les informations non pertinentes pour atteindre l'objectif désiré. C'est pourquoi, par exemple, vous avez l'impression de voir partout le modèle de voiture que vous venez d'acheter, ou que vous êtes capable de distinguer votre nom crié au beau milieu d'une foule bruyante.

Cependant, si vous ne vous sentez pas en phase avec votre intention dans votre tête, votre corps et votre âme, vous vous heurterez toujours à un obstacle énergétique. Dans son ouvrage *La Source : ouvrez votre esprit, changez votre vie*, Tara Swart, neuroscientifique et ancienne psychiatre, évoque le point de rencontre de l'intention. Si vous êtes pleinement aligné avec votre objectif et comprenez votre « pourquoi », alors votre intuition, vos émotions les plus personnelles et votre pensée rationnelle travaillent en harmonie plutôt qu'en conflit. Selon Swart, il est presque impossible d'atteindre ses objectifs en étant en décalage avec ces trois dimensions. Nous, humains, pensons que notre tête, notre cœur et nos tripes sont des entités distinctes – combien de fois avez-vous hésité entre le cœur et la raison ? Les scientifiques continuent d'en apprendre sur les connexions entre notre esprit, nos émotions et notre être physique.

Questions de précision

Par rapport à nos objectifs, une question prête souvent à confusion : jusqu'à quel point devons-nous être précis ?

Gourous spirituels et guides de la loi de l'attraction vous diront que l'univers sait ce qu'il fait et qu'il nous offrira ce dont nous avons le plus besoin. Ceci est certainement vrai (nous y reviendrons), mais comment l'univers saura-t-il quoi vous apporter si votre intention est vague ?

La frontière est mince entre demander ce que vous aimeriez voir se manifester et être suffisamment fluide pour libérer votre désir et comprendre qu'il se concrétisera exactement comment et quand il est censé se produire – même s'il ne ressemble pas à ce que vous aviez initialement imaginé.

En effet, l'univers ne dispose que de trois réponses à votre demande :

. Oui
. Patience
. J'ai quelque chose de mieux

Néanmoins, il faut être précis en donnant à l'univers au moins un indice sur ce que vous aimeriez attirer. Par exemple, vous pourriez définir l'intention d'attirer plus d'argent – et le lendemain vous trouvez une pièce sur le trottoir. Cette pièce signifie « plus d'argent ». Mais vous et moi savons bien qu'avec une intention comme « attirer plus d'argent », nous pensons à bien plus qu'une pièce. De fait, soyez précis sur le montant souhaité, mais lâchez prise sur le « comment » et le « quand » de cette manifestation.

Au cours des cinq dernières années, j'ai compris qu'en matière d'argent le « comment » et le « quand » sont souvent inattendus. Un remboursement de la banque, un prêt inopinément amorti, des projets aux budgets beaucoup plus élevés que prévu, des compétitions remportées – la façon dont j'ai magnétisé l'argent est devenue une source de plaisanterie chez mes amis et dans ma famille.

Vous désirez peut-être une promotion, ou une nouvelle voiture ? Avoir plus d'argent à épargner ou l'opportunité de voir votre entreprise citée dans la presse ? L'intention de rencontrer l'âme sœur ou de trouver enfin la résidence secondaire de vos rêves ?

Prenons l'âme sœur. L'idée est de se concentrer sur ce que cette personne vous ferait ressentir, sur la façon dont vous passeriez du temps ensemble, si vous voulez qu'elle soit drôle, avec un cœur grand comme ça et bonne communicante… Réfléchissez vraiment aux caractéristiques de celui ou celle qui enflammera votre cœur (et votre corps).

Les détails sur l'apparence physique, le lieu et la date de votre première rencontre ne vous regardent pas : remettez-vous-en entièrement à l'univers, faute de quoi vous pourriez avoir un coup de cœur pour cette personne brune et ainsi passer à côté de votre âme sœur blonde qui se tient là sous les projecteurs de l'univers.

Vous cherchez peut-être depuis des mois la maison de vos rêves et la liste de vos prérequis est longue comme le bras : quatre chambres, grande cuisine, grand jardin…

Remettez-vous-en entièrement à l'univers.

Mais si une maison idéalement située se présente, moins chère, mais avec trois chambres et un vaste grenier ? Serait-ce là l'univers pointant sa baguette vers une opportunité que vous n'auriez pas vue si vous aviez gardé vos œillères ?

Vous cherchez le job idéal sans être sûr du virage à prendre ?

Parfait. Demandez-vous comment vous voulez vous sentir au bureau, le salaire désiré, si vous préférez travailler seul ou en équipe, à la maison ou à l'extérieur, à quoi ressembleraient vos journées – il y a tant de façons de décrire l'emploi idéal sans se focaliser sur un titre de poste spécifique.

Voyez-vous combien il est nécessaire de savoir ce que vous voulez afin que l'univers et vous-même soyez au clair, sans toutefois se heurter à de menus détails ? Sinon, vous risquez de barrer la route aux multiples façons dont vos désirs pourraient se réaliser.

Shopping cosmique

La manifestation consistant à énumérer des intentions a été surnommée « la liste de courses cosmique » ! Identique à la liste de supermarché, les produits qui rempliront vos placards sont ici remplacés par ce dont vous aimeriez remplir votre vie.

Conservez cette liste : quand l'univers vous apportera ce que vous désirez potentiellement, vous vous y référerez afin de vérifier si votre vision est en phase avec ce qu'il vous a envoyé. S'il s'agit de quelque chose de formidable mais qui ne correspond pas tout à fait à ce que vous aviez noté, vous aurez ainsi l'opportunité de réévaluer votre manifestation.

Chaque situation – une relation qui ne fonctionne pas, un achat immobilier qui n'aboutit pas, un entretien d'embauche qui ne s'est pas déroulé comme vous l'aviez envisagé – est une occasion d'affiner cette liste, laquelle contribue à l'essentiel : comprendre notre « pourquoi ».

Ne pas se sentir en phase signifie souvent avoir perdu de vue son « pourquoi » – pourquoi le désir d'un certain mode de vie, de monter son entreprise, de développer un état d'esprit plus positif…

Se connecter à la raison pour laquelle nous voulons quelque chose suscite une réponse émotionnelle qui nous aide à nous abandonner à l'énergie de la possibilité que cela se produise. Car que se passe-t-il quand notre énergie correspond à celle de ce que nous souhaitons attirer ? Ce que nous sollicitons est entraîné vers nous, comme un aimant.

Les véritables changements se produiront lorsque vous vous focaliserez sur votre moi intérieur et cesserez d'espérer une reconnaissance sociale.

Par exemple, si vous aspirez à quitter votre job pour monter votre entreprise, il est impératif de connaître votre « pourquoi ». Vous voudriez aider les autres ? Faire en sorte que vos enfants ne manquent jamais de rien ? Avoir un impact, socialement ?

Pour que votre client soit serein à chaque fois qu'il utilise votre produit ? Qu'il se sente en confiance, prêt à conquérir le monde après avoir fait appel à vos services ?

Prenez le temps de réfléchir à la raison de votre manifestation : rien qui ne révolutionne nécessairement le monde ou vous fera gagner le Prix Nobel, mais les véritables changements se produiront lorsque vous vous focaliserez sur votre moi intérieur et cesserez d'espérer une reconnaissance sociale.

La peur de verbaliser ses rêves

Peut-être éprouvez-vous en ce moment ce sentiment familier d'avoir vos rêves sur le bout de la langue... puis de les réprimer. La peur de verbaliser ses rêves est un défi qu'il convient de relever.

Abordée à plusieurs reprises au cours de ce livre, la peur est une émotion humaine primitive, naturelle et puissante. Elle nous avertit du danger, d'une menace, physique ou psychologique. La peur au sens primitif du terme est absolument palpable – notre corps nous somme de réagir pour nous empêcher d'être dévoré par un tigre ou écrasé par un bus.

Mais la peur du jugement des autres – les internautes, les collègues, la famille ou les amis – est très différente. Il s'agit souvent de la peur de ne pas vouloir gérer les émotions générées par une sortie de sa zone de confort pouvant mener à un éventuel « échec ».

Peut-être anticipez-vous un possible sentiment de honte, de gêne, de culpabilité à l'idée de verbaliser des rêves qui ne se réaliseront peut-être pas ?

Dès le plus jeune âge, le subconscient est programmé pour redouter le jugement et l'échec – les plus frustrants venant de l'extérieur : votre entourage, votre éducation et les médias. Pourtant, la seule chose à redouter serait de mener une vie qui ne corresponde pas à vos aspirations ou à vos instincts naturels.

Si le jugement d'autrui vous paralyse, réfléchissez : embrassez vos passions, car il y aura toujours quelqu'un pour donner son opinion sur votre façon de vivre. Préférez-vous parvenir à la fin de votre existence en sachant que vous n'avez rien fait « en grand » pour contenter quelqu'un, ou voulez-vous vivre pleinement votre vie ?

Quand les gens ont une opinion négative ou jugent trop vite, c'est souvent parce que la situation leur renvoie l'image de leurs propres peurs, un blocage profondément enraciné dans leur propre subconscient. Cela n'a rien à voir avec vous.

Décupler la magie de la manifestation… avec le rituel de la Nouvelle Lune

Travailler avec l'énergie de la Lune est extraordinairement puissant, surtout dans le cadre de la définition d'intention.

Le début de chaque cycle lunaire, quand la Lune entre dans sa première phase, est le moment idéal pour planifier ses intentions du mois ou appuyer sur le bouton « reset » si vous sentez qu'une énergie stagne. Dans sa phase de transition la moins visible depuis la Terre, le disque lunaire rappelle alors opportunément que de nouvelles possibilités existent, même dans les temps les plus sombres.

Intégrer régulièrement le rituel de la Nouvelle Lune à notre routine spirituelle permet de se connecter consciemment à l'univers et de recalibrer son énergie au cours de cette période formidablement puissante pour la fixation d'objectifs et la réflexion personnelle.

Voici six façons d'accueillir l'énergie de la Nouvelle Lune (qui se produit tous les 28 à 30 jours) au cours d'une simple cérémonie de définition d'intentions.

Organisation

Une pièce en désordre reflète souvent un esprit en désordre. Avant de commencer le rituel, ménagez-vous un espace où vous vous installerez confortablement, au calme. Cela peut se résumer à dégager un coin de votre chambre, fermer les rideaux et allumer une bougie – gingembre, bois de santal et orange sont des parfums puissants à utiliser lors des rituels de manifestation car ils invoquent l'énergie de l'amour, de l'émancipation et de l'abondance.

Vous pouvez aussi installer un « coin spirituel » dans une pièce avec un pouf et des coussins, des plantes, des bougies et une petite table sur laquelle poser des cristaux, si vous en avez.

Prendre le temps d'organiser un espace pour vos rituels et routines – et surtout dans un foyer animé – rappelle que votre santé mentale, physique et spirituelle est aussi importante que celle des autres.

Purification

Une fois votre espace organisé, débarrassez-le de toutes les énergies négatives en faisant brûler de la sauge blanche. Très utilisée dans les rites de purification, sa fumée est réputée disperser l'énergie stagnante dans l'espace ou autour des objets.

Malheureusement, en raison de sa commercialisation en grandes quantités et de la publicité qu'en ont fait les médias, la sauge blanche, surexploitée au mépris des coutumes amérindiennes dont est issu ce rituel, risque de devenir une espèce menacée.

Il existe toutefois des alternatives plus responsables, on peut notamment brûler du bois de cèdre ou de pin, ou des bouquets de lavande séchée. L'encens est aussi un substitut efficace, comme le fait de se déplacer physiquement dans la pièce avec une baguette de sélénite afin de dissiper les énergies indésirables.

Respiration

L'effervescence du quotidien peut nous donner le sentiment d'être déconnecté, c'est pourquoi il est essentiel de prendre le temps de respirer. Fermez les yeux, posez la main sur votre cœur. Sentez-le battre tandis que vous inspirez profondément par le nez, en expirant par la bouche, à quatre reprises. Détendez les épaules et imaginez-vous en train de vous enfoncer dans le sol. À chaque respiration, vous vous sentez de plus en plus ancré, connecté non seulement à l'univers, mais aussi à votre propre corps. Maintenant, bougez les doigts et les orteils et accueillez un flux d'énergie nouvelle.

Planification

Avant d'écrire quoi que ce soit, asseyez-vous et pensez à ce que vous souhaitez pour le mois à venir. Ces trois questions peuvent vous aider à dégager des idées :

• Quels objectifs espérez-vous atteindre ?

• Quelles habitudes aimeriez-vous intégrer à votre routine quotidienne ?

• Quels changements positifs souhaiteriez-vous implanter au cours des 30 prochains jours ?

Prenez le temps de réfléchir et de penser à vos aspirations. Par exemple, désirez-vous être plus connecté à la nature en faisant une promenade quotidienne ? Consolider des amitiés en téléphonant à trois amies au lieu de leur envoyer des textos ? Vous ouvrir à d'autres opportunités professionnelles ? Ou prendre le temps d'explorer des collaborations potentielles.

Voici quelques exemples d'intentions :

Sous l'énergie de la Nouvelle Lune, je fais appel à la motivation de sortir marcher trois fois par semaine afin de me reconnecter à la nature et de hausser mes vibrations.

Sous l'énergie de la Nouvelle Lune, je fais appel à plus d'amour et d'énergie positive pour mon cercle d'amis, avec l'opportunité, ce mois-ci, de passer ensemble du temps de qualité.

Sous l'énergie de la Nouvelle Lune, je fais appel à des opportunités nouvellement alignées pour mon entreprise qui m'aideront à atteindre mon objectif financier de xxx.

Combien d'intentions faut-il idéalement définir ? Une à trois est un juste milieu pour que l'objectif soit réalisable sans être oppressant. Si vous placez trop haut votre barre métaphorique, vous pourriez avoir l'impression d'un retour « à la case départ » si vous n'enchaînez pas 30 jours de perfection. Sachez qu'il n'y a jamais de retour à la case départ, seulement de petits détours, et quoiqu'il arrive, vous serez toujours plus proche de vos objectifs que vous ne l'étiez au début de votre voyage.

Sceller ses intentions

Tenez la feuille sur laquelle vous avez écrit vos intentions, fermez les yeux et prenez un instant pour les visualiser en train de se matérialiser. Que voyez-vous au moment précis où vous apprenez que vos désirs du mois se sont réalisés ? Qu'entendez-vous, que dites-vous ? Que ressentez-vous ? Excitation ? Soulagement ? Joie ? Abandonnez-vous à l'énergie magnétique que vous ressentez et comprenez que c'est là la clé de la manifestation : accueillir les sentiments et les émotions que vous éprouveriez si le mois s'était déroulé exactement comme prévu.

Ouvrez les yeux et pliez la feuille vers vous afin de la sceller dans cette énergie magnétique. Rangez-la à proximité de l'endroit où vous dormez – sous votre oreiller ou dans le tiroir de la table de nuit.

Prendre un bain détox

Enfin, prenez un bain chaud avec des sels de bain détoxifiants pour vous préparer à la prochaine phase lunaire.

Pendant le bain, buvez de l'eau pour rester hydraté. Créez une ambiance propice en laissant votre téléphone dans une autre pièce ; allumez vos bougies préférées, placez des cristaux autour de la baignoire et glissez une serviette sous votre nuque.

ÉTAPE 3

Se connecter à l'univers

Il existe une foule de façons de communiquer avec l'univers, et vous pouvez absolument choisir celle qui vous parle le plus. Nous avons tous un moyen de communication préféré, même au niveau spirituel et pour les échanges d'énergie. Toutefois, pour se connecter à une source supérieure, il faut au préalable se donner l'espace nécessaire.

Se connecter en se déconnectant

Notre société étant saturée de contenus, d'opinions et de bruits, pas étonnant qu'il soit de plus en plus difficile de se connecter à l'univers et, plus important encore, à notre propre guide intérieur. Il est temps de couper le son quelques instants.

Les réseaux sociaux, Internet et les téléphones portables s'ingénient à saboter notre voyage spirituel. Nous vivons une époque où nos propres désirs sont étouffés par ce qu'ont ou ce que veulent les autres, et où notre durée d'attention est de plus en plus courte – si courte que l'idée de consacrer 10 minutes à méditer, sans téléphone, en terrifie plus d'un.

Seule notre boussole interne peut nous indiquer ce que nous voulons vivre.

La technologie moderne entrave-t-elle notre connexion à l'univers ?

Comparer constamment sa vie à celle des autres peut éloigner ce que nous désirons vraiment en nous faisant travailler à des objectifs que souhaitent ou attendent de nous d'autres personnes. Nous écoutons tout le monde sauf nous-même quand seule notre boussole interne peut nous indiquer ce que nous voulons vivre.

La « comparaisonite », cette obsession qui nous pousse à comparer nos réalisations à celles des autres, est un vrai problème du monde moderne. Nous savons que les réseaux sociaux présentent une vision filtrée de la réalité et pourtant nous peinons à ne pas mesurer nos propres expériences à leur aune, ce qui est inéquitable.

Réfléchissons un instant à la fréquence à laquelle nous paralysons notre communication avec l'univers simplement parce que sommes là, tête baissée, à pianoter entre emails et notifications.

Imaginez que l'univers soit un ami ou un être cher : comment réagirait-il s'il tentait de vous parler alors que vous êtes constamment occupé par votre téléphone ? Que vous l'ignorez car vous êtes hypnotisé par votre feed Instagram ?

Combien d'entre nous s'emparent sans même y penser de leur téléphone au réveil, sans que leurs yeux aient eu le temps de s'adapter à la lumière naturelle ? Ce réflexe matinal autorise l'énergie du monde (le plus souvent négative) à s'immiscer sans avoir eu le temps de décider comment nous aimerions voir nos journées se dérouler.

Au lieu d'empoigner notre téléphone chaque matin pour éteindre l'alarme, pourquoi ne pas acheter un réveil et laisser le portable dans une autre pièce ? C'est ce que l'on appelle une interruption de schéma, une technique visant à modifier un comportement spécifique – ici, se saisir de son téléphone dès le réveil – en s'obligeant à changer son schéma de pensée naturel.

Techniques de connexion à l'univers

Envisagez ces façons de se connecter à l'univers comme un cocktail spirituel. Adoptez sans réserve ce vers quoi vous vous sentez énergiquement attiré et, surtout, profitez !

Créer un tableau de visualisation

La représentation de vos rêves et de vos objectifs est un moyen extrêmement efficace pour avoir une vision claire de ce que vous souhaitez manifester.

Il y a différentes façons de procéder. La première est le bon vieux collage de photos et de mots découpés dans des magazines : achetez différents types de revues – voyage, mode, bien-être… – pour un large éventail d'idées et d'images. Ou créez une version numérique en collectant sur Pinterest ou Google des images que vous conservez en fond d'écran sur votre téléphone ou votre ordinateur.

Même si vous souhaitez solliciter des choses matérielles, c'est la représentation de ce que vous désirez ressentir qui doit primer sur un tableau de visualisation. Ainsi, n'hésitez pas à choisir des visuels plus abstraits pour illustrer votre futur. Les images et les mots

sélectionnés n'ont pas besoin d'avoir du sens pour des autres, mais ils doivent provoquer en vous une énergie vibratoire élevée – enthousiasme, optimisme, bonheur – lorsque vous les regardez.

N'intellectualisez pas trop le process : les images qui vous attirent manquent peut-être de rythme ou de sens, mais soyez convaincu d'être intrinsèquement guidé vers ce que vous recherchez, consciemment ou inconsciemment.

Une fois rassemblés les images et les mots auxquels vous vous sentez connecté, disposez-les devant vous, et décidez d'éliminer ou d'en conserver certains. Puis collez-les sur un grand morceau de carton. Installez votre tableau là où vous pourrez le voir chaque jour pour consacrer quelques instants à vous connecter à vos manifestations. Abandonnez-vous à l'énergie de ce que vous ressentirez quand ces images deviendront réalité – un rappel que cela se produira, pour peu que vous le vouliez.

Conseil
L'une des choses les plus puissantes à faire en regardant votre tableau de visualisation ? Sourire. Pour que vos vibrations augmentent naturellement. Même un sourire forcé peut berner le cerveau en lui faisant croire que vous êtes de bonne humeur, ce qui déclenche des neurotransmetteurs du type dopamine, sérotonine et endomorphines, boosters de bonheur.

Impro entre amis

Improviser à haute voix, à la manière d'un musicien de jazz, est sans doute la meilleure façon d'exprimer ses manifestations à l'univers : entamez un dialogue avec un ami qui partage les mêmes idées, comme si vos désirs étaient déjà devenus une réalité. Racontez-lui le rendez-vous (imaginaire) génial dont vous revenez. Écoutez-le décrire à quel point son entreprise (imaginaire elle aussi) est florissante. Avec une excellente playlist, cette « impro entre amis » peut se faire en voiture, gage d'un *road trip* riche en vibrations.

Conseil

Cet exercice ne nécessite pas forcément une autre personne – personnellement j'adore me connecter à l'univers en verbalisant mes désirs tout en conduisant. Appelons ça l'appel spirituel de l'automobile…

Scripting *d'une journée idéale*

Le *scripting* est une technique de manifestation qui consiste à tenir un journal, rédigé au présent, comme si vos désirs s'étaient déjà concrétisés, afin d'embrasser l'énergie de ce que vous ressentirez à ce moment-là.

Il n'est pas nécessaire de se focaliser sur une manifestation en particulier : vous pouvez avoir une vue d'ensemble de votre vie rêvée. C'est un bon moyen d'envisager clairement la journée, la semaine, le mois ou même l'année à venir. Pensez-y dès que vous vous réveillez – quelle heure est-il, à quoi ressemble votre chambre, le lit est-il confortable, qu'entendez-vous ? Laissez le stylo courir sur la page, avec le plus de détails possibles.

Conseil :
Voici 10 suggestions pour vous aider à construire le *scripting* de votre journée idéale :
- À quelle heure vous réveillez-vous ?
- Quelqu'un est-il couché à vos côtés ?
- En quoi consiste votre routine matinale ?
- Que faites-vous dans la vie ?
- Comment se présente votre journée ?
- Quelle est votre routine bien-être ?
- Avez-vous des routines spirituelles (méditation par exemple) ?
- Comment considérez-vous votre corps dans le miroir ?
- Quelle serait votre soirée idéale ?
- Comment vous sentez-vous juste avant de vous endormir ?

Visualisation

La visualisation est tout simplement l'acte de rêver éveillé, de se « faire un film » dans sa tête afin de simuler sa vie idéale. C'est voir ses pensées, ses objectifs et ses idées représentés par les millions et les millions de souvenirs visuels filtrés et stockés au fil des ans par le subconscient.

L'esprit ne peut savoir si vous souriez vraiment ou si vous faites semblant. Il est également incapable de dire si une visualisation est réelle ou imaginée. C'est pourquoi les athlètes ont souvent recours à cette technique dans le cadre de leur entraînement : ils font défiler dans leur tête le film de la victoire où ils franchissent en premier la ligne d'arrivée ou se hissent tout en haut du classement. Cette technique génère des schémas comportementaux et des actions qui vous aideront à vous sentir en phase avec vos manifestations. Elle vous enverra une énergie vibratoire élevée, du niveau de celle que vous émettez.

Bien entendu, cela ne se produit pas du jour au lendemain. Il ne suffit pas de rêvasser à son bureau pour faire la couverture de *Forbes* la semaine suivante, mais des phases régulières de visualisation – quotidiennes, hebdomadaires ou même mensuelles – vous aideront à percevoir clairement ce que vous souhaitez attirer et favoriseront des actions inspirées.

Les athlètes ont souvent recours aux techniques de visualisation dans le cadre de leur entraînement.

Comment visualiser ?

• Asseyez-vous ou allongez-vous dans un endroit calme et confortable. Fermez les yeux.

• À quatre reprises, inspirez profondément par le nez et soufflez par la bouche, imaginez-vous en train de vous enfoncer dans le sol tandis que vous vous connectez à l'univers.

• Dans votre tête, construisez dans l'image mentale – statique comme une photo, ou fluide comme un film – de ce que vous souhaitez. Imaginez les plus infimes détails et concentrez-vous sur les émotions ressenties, ce que vous entendez, ce que vous sentez, goûtez, touchez. À quoi ressemble votre « moi » optimal ? Comment êtes-vous habillé ? Observez tout ce qui vous entoure. Maintenant, éclaircissez cette image et rendez-la plus nette.

• Amplifiez le ressenti positif éprouvé et notez les changements dans les flux d'énergie qui peuvent prendre la forme de picotements dans les doigts, d'une modification du rythme de respiration, d'un sourire ou même du besoin impérieux de bouger.

• Restez dans cet état énergétique aussi longtemps que vous vous sentez bien. Si vous commencez à vous agiter, reprenez conscience de votre environnement, ouvrez les yeux et ayez confiance dans le pouvoir du champ des possibles.

• L'esprit reçoit l'information et la stocke dans la mémoire de plusieurs façons : visuelle (par la vue), olfactive (odorat), auditive (ouïe), gustative (goût), tactile (toucher) ou kinesthésique (ressenti). Toutefois, pour certains, la visualisation n'est pas un processus simple. Par exemple, vous avez du mal à créer dans votre tête un film où vous êtes sur la plage à regarder les vagues ? En revanche, une odeur particulière peut évoquer certaines émotions et associations *via* votre mémoire olfactive. Et vous découvrirez peut-être que vous pouvez imaginer une conversation et vous souvenir d'une voix grâce à votre mémoire auditive, sans pourtant visualiser le visage de la personne.

• C'est pourquoi je considère cette technique comme un « cocktail » : si une méthode ne fonctionne pas pour vous, essayez autre chose qui vous conviendra mieux.

Conseil

Au cours de la visualisation, si vous constatez que vous voyez l'image sans être « dans » l'image, visualisez-vous en train de réintégrer votre corps et voyez comment l'énergie se modifie. Les émotions sont-elles plus fortes ? Si la connexion s'est affaiblie, visualisez-vous sortant de votre corps et continuez à observer la scène en tant que spectateur.

Jeu de rôle

Le jeu de rôle est l'une des techniques fondamentales de la Thérapie Comportementale et Cognitive (TCC) selon laquelle changer notre comportement peut changer notre état d'esprit. De même, agir « comme si » notre désir était déjà une réalité peut modifier notre état d'esprit afin qu'il soit mieux en phase avec notre vision.

En modifiant les circonstances extérieures et en adoptant une approche extérieur / intérieur, il est possible de changer habitudes, état d'esprit, comportements et, *in fine*, actions.

Lorsque j'ai créé mon entreprise, j'ai agi comme si j'avais déjà réussi en tant que coach et *community leader*. Ceci m'a montré que j'étais capable de poser des fondations solides d'un point de vue professionnel. Avant même d'avoir mon premier client, j'ai vécu comme si mon agenda était plein. J'ai mis en place un portail en ligne pour conserver les dossiers de mes futurs clients. J'ai préparé mes cours et enregistré les séances de méditation que je voulais leur faire écouter.

Tout cela m'a ouvert une autre perspective en me laissant penser qu'il serait possible de diriger une entreprise prospère. En faisant « comme si » tous les jours, mes croyances limitantes se sont dissipées et mes connexions neuronales ont été remodelées pour prendre la forme de « c'est possible puisque je le fais déjà ».

Conseil

Ce « jeu de rôle » s'est forgé une réputation douteuse sur Internet en diffusant l'idée qu'il faudrait dépenser de l'argent pour manifester de l'argent. Faux. Vous pouvez adopter cette méthode sans débourser un centime. Par exemple, si vous rêvez de prendre des jours de congé pour voyager à travers le monde, créez un dossier dans votre ordinateur où vous rangez les étapes de votre futur périple, les coordonnées d'Airbnb et les tarifs d'avion. Un jour, quelqu'un m'a dit que la richesse était un état d'esprit, pas un relevé de compte bancaire.

Écrire une lettre à son « moi » futur

Si vous pouviez vous imaginer dans un an, quels changements souhaiteriez-vous observer ? Quels objectifs désiriez-vous avoir atteint ? Qu'aimeriez-vous avoir attiré et, plus important, que voudriez-vous avoir libéré ?

Écrivez une lettre comme si vous étiez déjà cette personne et que celle-ci s'adresse à celui ou celle que vous êtes aujourd'hui. Partagez les changements heureux qui se sont produits au cours de cette année. Racontez comme tout semble différent et expliquez ce que vous devrez accomplir pour devenir cette future version de vous-même.

Il s'avère que, inconsciemment, vous savez déjà quels changements mettre en œuvre… et cette lettre va vous permettre de l'admettre.

Datez la lettre, conservez-la dans un endroit sûr et programmez un rappel dans un an pour la relire (et la retrouver !). Lire une telle lettre écrite un an auparavant est une façon émouvante d'entamer une nouvelle année. Rédigez-en une nouvelle, que vous lirez au Nouvel An prochain, dans 365 jours.

Conseil
Prenez un selfie que vous joignez à votre lettre. Remarquez les modifications des flux d'énergie, année après année. Oui, il peut y avoir des changements physiques, mais la photo capte surtout un changement d'énergie, à mesure que vous adoptez résolument un mode de vie plus positif.

Décupler la magie de la manifestation… avec la Méthode 369

La Méthode 369 est également appelée code Tesla 3-6-9, du nom de son inventeur, le serbo-américain Nikola Tesla, auquel on doit la télécommande et la bobine Tesla. Les voitures d'Elon Musk portent également son nom, mais Nikola Tesla est aussi connu pour sa vision spirituelle. Bien qu'il n'existe aucun document le certifiant, il aurait déclaré les 3, 6 et 9 « chiffres divins », dotés d'un rôle fondamental dans l'univers, la nature et le modèle humain.

Dans la numérologie moderne, le 3 matérialise le lien direct avec l'univers ; le 6 représente notre force intérieure ; le 9 symbolise la libération de sentiments négatifs – trois principes essentiels au processus de manifestation.

Cependant, c'est l'astrologue intuitive Karin Yee qui est à l'origine de la Méthode 369 associant la séquence numérique 3-6-9 aux enseignements Abraham-Hicks, un collectif d'enseignants spirituels s'exprimant par la voix et les écrits d'Esther Hicks. Voici comment manifester grâce à la Méthode 369.

La technique

Choisir sa manifestation

Prenez un stylo et votre journal de bord. Notez ce que vous souhaitez manifester. Votre souhait doit tenir en deux phrases et prendre 17 secondes (ou plus) à écrire. Pourquoi 17 ? Selon Hicks, le cerveau a besoin de se concentrer 17 secondes pour se reconnecter : ici, il s'agit de déplacer nos pensées vers ce que nous ressentirions si notre vœu s'exauçait.

Que choisir comme manifestation ? Tout dépend de ce que vous aspirez à attirer. Cette technique contribue à accueillir de l'argent, l'amour, un déménagement, un nouveau job… L'univers ne connaît pas de limites, tant que la manifestation est sans danger pour vous, les autres et la planète.

Commencez par exprimer de la gratitude, ajoutez-y de l'émotion et terminez par : « dans ma vie ». Par exemple : « Je suis reconnaissante envers l'univers de s'aligner avec moi pour attirer mon âme sœur, m'apporter amour, bonheur et satisfaction dans ma vie, et paix intérieure dans mon cœur ».

La clé est de choisir des mots qui décuplent l'émotion et l'énergie que vous comptez attirer. Comme vous pouvez le constater, j'ai utilisé des mots associés aux sentiments – amour, bonheur, satisfaction – des mots que vous ressentez physiquement lorsque vous les lisez.

Notez ce que vous désirez trois fois le matin

Pendant 33 jours, ouvrez votre journal dès le réveil et notez votre manifestation à trois reprises. Le secret du succès ? Se concentrer sur le sentiment, sur l'énergie de ce que vous voulez attirer et sur ce que vous ressentirez quand – et non pas « si » – votre demande se concrétisera.

Notez ce que vous désirez six fois à midi

En milieu de journée, reprenez votre journal et notez la même manifestation, six fois. Suivez le même processus, immergez-vous dans l'énergie de ce que vous ressentirez, visualisez-vous avec votre désir réalisé.

Notez ce que vous désirez neuf fois avant de vous coucher

Enfin, avant de vous coucher, notez la même manifestation, de la même façon que précédemment, neuf fois. Dans la journée, vous aurez écrit trois fois pour fixer l'intention dans l'univers, six fois pour la décupler, et enfin neuf fois pour la graver dans le marbre.

Réussir la Méthode 369

Veillez à vous exprimer au présent, comme si votre manifestation était déjà tangible. Évitez les « je vais » ou « je veux » qui soulignent que votre souhait ne s'est pas encore réalisé et qui conduiraient l'univers à vous apporter davantage de ce que vous n'avez pas.

Ne soyez pas obsédé par votre manifestation. *Le « comment » et le « quand » ne sont pas de votre ressort ; c'est là où le timing divin entre en jeu. Faites confiance à l'univers : il sait que lorsque votre énergie sera prête à recevoir ce que vous désirez, vous l'obtiendrez.*

Soyez convaincu que votre souhait pourrait bien se réaliser avant 33 jours ! *Là encore, le timing divin fera en sorte que vos désirs se matérialiseront quand vous serez prêt à les accepter. Si rien ne s'est passé au bout de 33 jours, ne désespérez pas. Libérez cela dans l'univers et ayez la foi : ce que vous désirez sera bientôt là, car vous l'avez réclamé.*

Soyez constant. *Pour que la méthode fonctionne, il faut prendre le temps chaque jour d'écrire trois fois le matin, six fois le midi et neuf fois avant de vous coucher. Si pour une raison ou une autre, vous sautez un jour, pas de panique – reprenez votre routine dès le lendemain.*

ÉTAPE 4

Élever sa fréquence vibratoire

Le concept d'énergie a été présenté p. 18, mais voyons maintenant plus en détail comment la fréquence affecte la capacité à manifester.

Loi de vibration

Les lois universelles sont conçues pour s'associer en un mariage harmonieux afin d'apporter une vie de compréhension et de confiance. Il en va donc de même pour la loi de l'attraction.

La loi de l'attraction a une grande sœur : la loi de vibration, que beaucoup de gens, dans leur quête d'une existence abondante et alignée, méconnaissent.

La loi de vibration stipule que tout objet et être vivant vibre à une vitesse variable, en émettant différentes fréquences énergétiques. La vitesse détermine si l'énergie vibratoire est basse (lente) ou élevée (rapide).

Cette loi est essentielle, car sans comprendre comment nous accorder aux différentes fréquences, il sera quasiment impossible à la loi de l'attraction de nous aider à magnétiser nos désirs.

Si votre fréquence vibratoire est basse, aucun journal, aucun tableau de visualisation ne pourra décupler vos pouvoirs de manifestation. Par exemple, si vous voulez attirer plus d'argent mais que vos pensées sont fixées sur le fait que vous n'en possédez pas suffisamment, vous voilà prisonnier d'un état d'esprit de « manque » fonctionnant à fréquence basse – impossible alors de s'accorder à la fréquence plus élevée d'abondance et de liberté financière. Pensez à la cacophonie d'un poste de radio quand vous cherchez votre station préférée – voilà à quoi ressemble alors votre énergie.

Si l'argent est votre priorité, trouvez des personnes, des lieux et des opportunités qui évoquent l'abondance. Allez travailler avec votre ordinateur portable dans un café chic. Regardez les séjours de luxe sur Internet. Promenez-vous dans le plus riche quartier de la ville. L'abondance n'est pas une somme sur votre compte en banque, c'est un sentiment que vous pouvez susciter et auquel vous pouvez vous accorder.

L'abondance n'est pas une somme sur votre compte en banque, c'est un sentiment que vous pouvez susciter et auquel vous pouvez vous accorder.

Indéniablement, les humains sont capables de ressentir l'énergie. Il vous est sans doute déjà arrivé d'entrer dans une pièce et d'avoir la sensation d'une énergie négative dans l'air. Nous parlons alors « d'atmosphère », mais il s'agit en fait de votre faculté à vous accorder à une fréquence en train d'être émise.

À l'inverse, pensez à la rapidité à laquelle, dans une fête, vous êtes magnétisé par une personne à la fréquence vibratoire élevée, qui semble baigner dans une énergie de bonheur, de joie, de positivité, d'optimisme ou de gratitude. Et si vous lisez ce livre, je suppose qu'il s'agit là du type d'énergie autour de laquelle vous souhaitez graviter.

Ainsi, pour manifester consciemment ce que vous désirez, vous devez d'abord comprendre comment passer à la fréquence vibratoire correspondante. Une fois la loi de vibration maîtrisée, la loi de l'attraction (voir p. 12-15) vous permettra d'attirer dans votre réalité tout ce que vous désirez.

Comment élever sa fréquence vibratoire

À chaque être vivant sa fréquence vibratoire : dans la vie, vous vous entendez instantanément avec certaines personnes et pas d'autres ; vous appréciez un spectacle quand l'ami qui vous accompagne le déteste... C'est pourquoi élever sa fréquence vibratoire est subjectif et varie d'un individu à l'autre.

Cependant, voici douze conseils testés et approuvés pour faire évoluer votre état énergétique.

Monter le son

La musique a la faculté d'alléger l'âme, quelle que soit votre fréquence. Pensez aux moments les plus heureux de votre vie et le rôle qu'y a tenu la musique : la première danse à votre mariage, une fête, les chansons préférées de vos enfants. Créez une playlist de vos morceaux favoris – même « Joyeux anniversaire » joué à l'orgue électronique si c'est votre truc – et dansez dans votre cuisine ! Rien de tel pour retrouver la bonne humeur.

Soigner son fil d'actualité

À combien estimez-vous le temps passé sur votre téléphone pour *in fine* ressentir une fréquence vibratoire peu élevée ? En tant que trentenaire guérie d'une dépendance au téléphone je peux vous dire que, les yeux rivés sur un écran, les heures défilent.

Sur Facebook, suivre Debbie Downers, avec qui je n'ai pas échangé trois mots au collège. Se passionner pour les catastrophes naturelles qui s'enchaînent sur Twitter. Regarder et re-regarder mon feed Instagram. Ironie du sort : je passais mon temps à absorber un flux constant de négativité.

Jusqu'à ce que je décide d'alimenter mon fil d'actualités avec des marques *feel good*, des posts qui donnent le sourire et des influenceurs avec lesquels je me sentais en accord et auxquels je ne me comparais pas.

Dès aujourd'hui, désabonnez-vous des comptes suintant la négativité qui vous tirent vers le bas et suivez plutôt ceux qui vous mettent de bonne humeur.

Des aliments stimulants

Un régime déséquilibré, à base d'aliments transformés, de sucre raffiné et d'alcool peut sérieusement altérer l'énergie vibratoire. En choisissant plutôt des produits naturels, équilibrés, colorés et nutritifs vous augmenterez spectaculairement votre fréquence : vous rayonnerez, tant physiquement qu'énergétiquement. Selon l'ancienne psychothérapeute Robyn Openshaw, auteure de *Vibe*, il existe des centaines d'aliments à la fréquence vibratoire élevée – légumes verts, fruits à coque et graines, baies fraîches, chocolat noir, tisanes, huile de coco...

Bon débarras !

Nous sous-estimons souvent l'impact d'un lieu de vie encombré sur l'esprit : cela génère un flux subtil mais continu d'énergie tendue. Voici mon conseil, inspiré de Marie Kondo, la papesse du rangement : quand vous faites du tri, tenez chaque objet un moment dans votre main. S'il vous évoque une émotion négative ou un souvenir déplaisant, jetez-le, vendez-le ou donnez-le à une association caritative.

De nouveaux flux

Chez vous, transformez l'énergie en modifiant le flux de chaque pièce (mais en faisant en sorte de pouvoir vous déplacer aisément entre les meubles). Envisagez de mettre en pratique les principes de l'ancien art chinois du feng shui afin de maximiser une énergie positive.

Selon le feng shui par exemple, tourner le dos à la porte de son bureau signifie tourner le dos à l'argent et aux opportunités professionnelles. Pour y remédier, retournez votre table ou accrochez un miroir au mur qui vous fait face afin que l'énergie vous soit renvoyée.

Du temps pour méditer

Malgré les innombrables bienfaits de la méditation, cette pratique peut se révéler frustrante dans sa mise en œuvre. Nos esprits sont tellement stimulés qu'il peut être difficile de se déconnecter ne serait-ce que dix minutes, tant notre flux d'information interne est constant.

Néanmoins, l'art de la méditation, ce n'est pas de tenter d'atteindre la perfection, mais de prendre un moment pour permettre à l'esprit de se reposer. Concentrez-vous sur votre respiration, accueillez vos pensées à mesure qu'elles pénètrent votre esprit et libérez-les comme des ballons dans le ciel.

La méditation ne consiste pas nécessairement à s'asseoir en lotus, paumes vers le ciel. Elle peut également prendre la forme d'activités de pleine conscience : peinture créative, tricot ou même puzzle.

Piéger les pensées négatives

Voici l'un des premiers outils que j'ai utilisés quand j'ai commencé à me débarrasser de mon état d'esprit négatif : être suffisamment conscient de soi pour piéger les pensées avant qu'elles ne deviennent incontrôlables.

Repérez vos pensées négatives et posez-vous ces questions :

- Est-ce vraiment important ?
- Ressentez-vous de l'empathie vis-à-vis de cette personne ou de cette situation ?
- Y a-t-il un côté positif ?
- Comment pourriez-vous modifier votre réaction ?

Au début, passer outre la façon dont l'esprit réagit aux situations négatives exige vraiment du travail, mais cela deviendra bientôt une seconde nature.

Prendre racine

Prendre racine est une technique puissante et facile pour réaligner sa fréquence. Ôtez vos chaussures et marchez dans l'herbe afin de vous sentir connecté sans entraves.

Modifier son agenda

Votre cerveau est-il submergé de rendez-vous, de dates d'anniversaires et de *to-do lists* ? Planifiez le mois à venir, sur un agenda papier ou une appli. Nous touchons ici au matériel plutôt qu'au spirituel, mais la sensation d'être noyé peut abaisser rapidement votre fréquence et attirer encore plus de raisons de vous sentir submergé.

S'entourer de plantes

Pourquoi ne pas décorer votre intérieur avec des plantes ? Des études montrent qu'elles réduisent le stress et boostent l'humeur, tout en améliorant la concentration. Et pourquoi ne pas « verdir » votre bureau ?

Priorité au sommeil

Crucial pour une fréquence vibratoire élevée, le sommeil est toutefois rarement une priorité dans nos emplois du temps surchargés. Tôt levés, nous rechignons pourtant à nous coucher tôt pour tenter de récupérer un peu de « temps pour soi ».

Une étude du Département de psychologie clinique et de la santé de l'université d'Utrecht (Pays-Bas) parle de « procrastination de l'heure du coucher », rebaptisé ultérieurement « procrastination de vengeance à l'heure du coucher ». Ce phénomène s'est généralisé durant la pandémie de 2020 : se coucher tard était une façon de reprendre le contrôle sur l'incertitude ambiante.

Commencez votre voyage vers un meilleur sommeil en décompressant une heure plus tôt que d'habitude pendant une semaine – donc pas d'écran avant d'aller au lit ! – et voyez comment vous le vivez.

Netflix et vibrations

Les contenus que nous consommons, notamment avant le coucher, influent extraordinairement sur notre fréquence vibratoire. Que regardez-vous quand votre esprit entre en rythme thêta ? Celui-ci se produit au moment de l'endormissement ou du réveil, et serait impliqué dans le traitement de l'information et la formation des souvenirs. Voulez-vous le reprogrammer avec du contenu stressant, sombre, effrayant ? Non ! Alors, plusieurs fois par semaine, faites d'autres choix.

Se protéger des énergies négatives

Selon Jim Rohn, entrepreneur et conférencier spécialiste de la motivation, « vous êtes la moyenne des cinq personnes avec lesquelles vous passez le plus de temps ». C'est pourquoi faire de temps en temps un point sur son entourage relationnel peut favoriser l'épanouissement personnel et spirituel.

Tout comme nous pouvons nous accorder à l'énergie d'une autre personne, nous pouvons aussi absorber l'énergie qu'elle libère. Par exemple, son rire est contagieux et nous rions à notre tour. De même, la mauvaise humeur d'un collègue joue sur l'atmosphère générale du bureau et vous tire vers le bas.

Prenez le temps de réfléchir à votre entourage. L'objectif de ce chapitre n'est pas de vous faire couper les ponts avec une personne qui traverse peut-être une mauvaise passe, mais vous seul savez faire la différence entre celle-ci et l'individu perpétuellement négatif – c'est ce dernier qui nous intéresse.

Famille

Il peut être très difficile de gérer des membres de la famille négatifs et de prendre nos distances, car nous choisissons nos amis, pas notre famille biologique !

Cependant, il ne s'agit pas de mettre un terme à toute relation : l'écoute et la communication sont toujours de bons points de départ. Nous avons souvent tendance à oublier que les membres de la famille ont des émotions et des souvenirs qui peuvent être à l'origine des croyances limitantes qu'ils nous imposent.

Quand quelqu'un projette sur vous une opinion négative, c'est souvent parce que vous reflétez quelque chose qu'il n'aime pas en lui.

Si une communication franche n'est pas envisageable, prenez vos distances : ne participez plus aux conversations « à risques » en quittant la pièce, en changeant de sujet ou en évitant certains thèmes.

Amis

Malheureusement, certaines amitiés ne sont pas faites pour durer. Des gens entrent un temps dans notre vie, puis la quittent alors que nous entamons le chapitre suivant de notre existence. Parfois, nos énergies s'alignent parfaitement et simplement, puis nous passons doucement à autre chose.

Écarter les amitiés toxiques devrait être un réflexe de base. Avez-vous déjà eu des amis qui prennent sans jamais donner en retour ? Qui emplissent votre esprit de croyances limitantes plutôt que de paroles d'encouragement ? Qui vous épuisent moralement ? Voici de quoi est faite une amitié déséquilibrée (à mon humble avis).

Au lieu de vous échiner à fréquenter des individus avec lesquels vous n'êtes plus en phase, efforcez-vous consciemment de développer des amitiés nouvelles. Vous passerez ainsi du temps avec des personnes qui vous élèvent, sans en perdre avec des amitiés vaines.

Demandez simplement à l'univers de vous aider à attirer des amitiés entre âmes sœurs, propres à décupler l'état d'esprit et la vibration qui sont désormais les vôtres.

Vous pourriez créer un tableau de visualisation représentant ce que vous aimeriez ressentir, ce que vous feriez ensemble, la liberté de ne plus avoir à combattre les

Demandez simplement à l'univers de vous aider à attirer des amitiés entre âmes sœurs.

contraintes d'une amitié toxique. Si cela reste possible, il est peu probable que votre manifestation d'une amitié entre âmes sœurs tombe du ciel, alors pourquoi ne pas aller à la rencontre de l'univers en fréquentant les lieux où votre âme sœur est susceptible de passer du temps ? Vous aimez le yoga ? Inscrivez-vous à un cours ! Vous aimez la spiritualité ? Participez à des ateliers de guérison par les cristaux ! Entourez-vous de personnes partageant les mêmes idées et les mêmes vibrations que vous et constatez combien votre fréquence augmente.

Travail

On me demande souvent comment gérer un environnement professionnel toxique. Nous passons une grande partie de notre vie au travail : si nous nous trouvons dans un espace qui affecte négativement notre santé mentale, il est impératif de chercher une issue.

Bien entendu, dans la conjoncture actuelle, la peur de ne pas retrouver un emploi est prégnante, mais continuer à travailler dans un environnement toxique ne fera que nuire davantage à votre confiance et à votre motivation.

Vous avez toujours le choix.

Commencez par établir un plan d'action en mettant à jour votre CV et en activant des notifications sur les sites d'annonces. Votre énergie changera au moment où vous reprendrez le contrôle.

Si vous aimez votre job mais souffrez de la négativité de vos collègues, évitez de vous laisser entraîner dans les rumeurs du bureau. Oui, vous pouvez écouter d'autres points de vue que le vôtre, mais les commérages inutiles épuisent nos ressources énergétiques.

Nous nous rassemblons autour de la fameuse machine à café parce que nous sommes programmés pour nous sentir plus en sécurité en meute plutôt qu'en loup solitaire, mais cela, malheureusement, ne fait qu'alimenter la négativité.

Dressez la liste de tous les aspects positifs de votre job et soyez-en reconnaissant. Si vous appréciez certaines tâches spécifiques, faites-en une priorité et demandez plus de responsabilités dans ces domaines.

Si vous utilisez des cristaux, sachez que la tourmaline noire éloigne formidablement l'énergie négative – posez-la sur votre bureau ou glissez-la dans votre poche.

Parfois, la seule solution est de combattre la négativité par la gentillesse. Partagez une bonne nouvelle, faites un compliment sincère, écoutez les anecdotes que vous racontent vos collègues. Cette méthode douce vous mettra peut-être plus à l'aise et de toute façon, gentillesse et compassion devraient toujours passer avant tout.

Fuite d'énergie

Une « fuite d'énergie » est un trou dans votre vie qui épuise toutes vos réserves. Comme un tuyau qui fuit dans une maison, il est essentiel de le colmater pour éviter tout dégât à long terme.

Cette fuite peut provenir des amitiés toxiques mentionnées plus haut, mais aussi du fait de devoir parfois dire « oui » alors qu'on pense « non ». Elle peut résulter d'une absence de limites claires, de conversations évitées et pourtant nécessaires, d'un esprit en mode « pourquoi moi ? ». Quand vous aurez compris et admis cette fuite, vous pourrez commencer à « colmater », c'est-à-dire à rechercher activement une solution.

Décupler la magie de la manifestation… avec le rituel du pardon

Éprouver du ressentiment ou de la colère est source d'énormes fuites d'énergie, sans que l'on en ait conscience. Un sentiment négatif quelconque envers vous-même ou autrui vous assujettit à un état d'esprit de manque et de limites.

Retenir en soi culpabilité, colère et honte affecte votre personne, votre épanouissement et votre futur. Je ne dis pas que celui vous a fait du tort a raison, car la vie peut réserver des épreuves effroyables qu'aucun être humain ne devrait subir. Je dis simplement que vous avez le choix de libérer cette négativité.

Rituel du pardon

1 Commencez par dresser la liste de tous les souvenirs négatifs que vous retenez en vous : un vol ou du harcèlement dont vous avez été victime, ou même un moment où vous avez maltraité quelqu'un. Nous partons du principe que le pardon vient de l'extérieur, quand en vérité nous devons nous pardonner afin que de véritables changements se produisent. Que ce soit hier ou il y a 20 ans, si vous vous en souvenez, l'émotion doit être ranimée et libérée.

2 Lisez à haute voix chaque phrase de votre liste. Dites ensuite : « Je te pardonne et je te libère ». En libérant ces mots dans l'atmosphère, concentrez-vous sur l'émotion et la force du pardon. Ressentez comme l'emprise que ce souvenir avait sur vous se relâche.

3 Déchirez la liste en morceaux ou, mieux, brûlez-la : notez comment votre connexion à ce ressenti disparaît dans les cendres fumantes.

4 Le lendemain, vous vous sentirez peut-être épuisé, car votre corps se remet d'une « gueule de bois émotionnelle ». Hydratez-vous bien, reposez-vous mentalement et soyez indulgent avec vous-même pendant 24 heures.

ÉTAPE 5

Embrasser l'énergie de la gratitude

La gratitude est parmi les plus importantes émotions et pensées propres à augmenter notre fréquence vibratoire. Elle a même plus d'influence que la joie ou le bonheur sur notre capacité à attirer les énergies positives.

Remercier

Être constamment au comble de la joie n'est ni possible ni très sain. C'est pourquoi il est plus simple de s'abandonner à l'énergie de la gratitude car, quelle que soit votre humeur, il y a toujours quelque chose dont vous pouvez être reconnaissant.

Être heureux 100 % du temps est tout simplement impossible – et c'est pour le mieux. En tant qu'âme vivant une expérience humaine, nous devons accueillir un arc-en-ciel d'émotions afin de comprendre pleinement comment vivre ce qui nous attend à l'issue de notre quête.

Bien qu'il y ait des fréquences vibratoires basses, il n'existe pas de « mauvais » ressenti. Même les émotions situées à l'extrémité la moins élevée du spectre vibratoire doivent être accueillies et comprises afin d'être libérées. Cependant, la gratitude – la capacité à reconnaître les bienfaits qui nous sont réservés – est un état qui peut être adopté, même au cours des journées les plus difficiles.

Regardez autour de vous et prenez mentalement note de 10 choses pour lesquelles vous êtes reconnaissant : le verre d'eau devant vous, l'argent qui vous a permis d'acheter ce livre, le réfrigérateur bien garni, l'annulation de la réunion de cet après-midi… (nous adorons tous les réunions annulées, non ?)

Nous devons accueillir un arc-en-ciel d'émotions afin de comprendre pleinement comment vivre ce qui nous attend à l'issue de notre quête.

La gratitude est non seulement la capacité à modifier nos vibrations, mais lorsque nos verres de lunettes passent du noir au rose, tout d'un coup le monde se colore à nouveau. En se focalisant sur l'abondance que nous réserve la vie, les choses ne semblent plus aussi difficiles.

Et devinez ce qui arrive lorsque nous nous concentrons sur ce pour quoi nous sommes reconnaissants dans notre quotidien ? L'univers nous envoie encore plus de raison d'être reconnaissant.

Après tout, la loi de l'attraction stipule que ce qui se ressemble s'assemble, alors réfléchissez à ce que vous aimeriez recevoir en plus grande quantité, en vous focalisant sur le fait de renvoyer la même chose dans le monde.

Abondance vs manque

La différence entre un état d'esprit d'abondance et un état d'esprit de manque peut altérer notre résilience, notre gestion du stress et même notre réponse immunitaire. Cela va bien plus loin que d'écrire trois phrases chaque soir avant de s'endormir et s'attendre à ce que l'univers exauce nos souhaits. Il s'agit ici de vivre une existence saine de l'intérieur.

Un état d'esprit d'abondance permet de vivre une existence pleine et riche, créative et inspirée, en saisissant les opportunités qui se présentent et en se sentant plus sûr de soi.

- Alors, quelles différences entre état d'esprit de manque et état d'esprit d'abondance ?
- Un état d'esprit de manque se focalise sur le fait de ne jamais avoir assez ; l'état d'esprit d'abondance sait qu'il y a suffisamment pour tous.
- Un état d'esprit de manque critique et souligne les erreurs ; l'état d'esprit d'abondance encourage et cherche des solutions.
- Un état d'esprit de manque repère les pièges et évite la prise de risque ; l'état d'esprit d'abondance voit l'opportunité et accueille le changement.

Honnêtement, de quel côté se situe actuellement votre état d'esprit actuel ? Je répète ici ce que j'ai dit plus haut : quelles que soient vos pensées du moment, votre esprit fera tout ce qui est en son pouvoir pour vous donner raison. Comme l'a dit l'industriel Henry Ford : « Que vous pensiez être capable ou non, dans les deux cas, vous avez raison ».

Un état d'esprit d'abondance aura des répercussions sur les événements positifs autour de vous : le feu qui passe au vert quand vous êtes pressé, une personne qui vous tient la porte dans le métro, un café offert…

En revanche, avec un état d'esprit de manque, les problèmes surgissent : la voiture tombe soudainement en panne, vous recevez une facture inattendue… ce qui renforce l'idée de manque.

Cependant, je ne veux surtout pas associer les mots « abondance » et « argent », car « abondance » a pris récemment un sens financier. Je parle ici d'une richesse d'existence. De santé, d'amour, d'amitiés et d'âmes sœurs. Richesse d'opportunités. De paix, de clarté, d'alignement. Ce sont là les signes de la véritable l'abondance.

Il est facile de se laisser consumer par tout ce qui ne va pas dans le monde. Les médias nous nourrissent constamment de négativité… et pourtant tant de moments extraordinaires se produisent chaque jour autour de nous.

Lors de votre prochaine promenade, je vous mets au défi de regarder vraiment autour de vous et de noter tout ce pour quoi vous pouvez ressentir de la gratitude : les feuillages aux couleurs automnales, le rire des enfants…

La clé pour passer du manque à l'abondance est d'en faire un objectif quotidien. Un objectif authentique.

Rien ne sert de rédiger une liste chaque jour si cela doit devenir une sorte de réflexe matinal. La magie se produit à condition d'embrasser l'énergie de la véritable gratitude. Comment ? En imaginant ce que serait votre vie sans ce que vous possédez déjà.

Nourrir un état d'esprit d'abondance

Moments de réflexion

Avant de vous coucher, énumérez (dans votre tête ou sur papier) les trois moments de votre journée pour lesquels vous êtes reconnaissant. Les routines spirituelles finissent parfois par devenir un réflexe et nous sautons la partie essentielle où nous nous abandonnons à l'énergie d'être véritablement reconnaissant. Afin d'invoquer la gratitude, assurez-vous d'imaginer votre existence sans ces trois moments.

Et si… ?

La question du « Et si... ? » est un mode de pensée à double tranchant développé par les humains au cours de l'évolution comme mécanisme de sécurité. Et si le pire se produisait ? Et si cela ne fonctionnait pas ? Et s'ils ne m'aimaient pas ? Et si cela ne se passait pas comme je le voudrais ?

Et si vous retourniez ces questions ? Et si le meilleur se produisait ? Si cela fonctionnait vraiment ? Si cela se passait mieux que vous ne l'imaginiez ?

Cultiver cet état d'esprit de « possibilités » fait envisager les solutions plutôt que les problèmes et développer un état d'esprit d'abondance plutôt que de manque.

Gagnant-gagnant

Dans un état de manque, si quelqu'un gagne, nous assumons qu'il ne reste plus rien pour nous. Voyons cela du point de vue d'un état d'esprit d'abondance.

Quand l'univers nous montre une victoire, c'est sans aucun doute pour nous révéler exactement ce qui est possible. Et pas seulement pour la personne qui a remporté cette victoire. Pour nous également. Être témoin de la réussite d'autrui permet de commencer à y croire. Et l'univers peut aussi contribuer à y parvenir.

Réjouissez-vous des succès des autres comme vous le feriez pour les vôtres. Au lieu de dépenser votre énergie dans l'envie ou la jalousie, utilisez-la pour définir votre propre version de la réussite, travailler sur vos propres marqueurs et vous préparer à ce que la magie de l'univers s'apprête à vous offrir.

Cause ou effet

Dans un état d'esprit d'abondance, vous vivez avec une approche plus holistique de la résolution de problèmes. Au lieu de rechercher qui ou quoi blâmer, vous réfléchissez à une solution. C'est la loi de cause à effet.

Plus simplement, cette loi stipule que chaque action provoque une réaction et que chaque réaction a son action. Chacune de nos pensées, chacune de nos paroles déclenche une succession d'événements. Pour chaque action et réaction, il peut y avoir une issue positive et négative.

Nous pouvons être un effet, quand tout ce qui nous arrive est de la faute de quelqu'un d'autre. Nous pouvons être une cause, si nous analysons comment nous avons laissé ceci ou cela nous affecter, comment notre réaction aurait pu modifier notre chemin, et comment nous avons désormais décidé de la façon dont nous prenons le contrôle.

Un état d'esprit d'abondance se demande s'il peut tirer un enseignement ou un bienfait d'une difficulté, et si oui, comment il peut l'accueillir.

Toujours plus

Lorsque nous tendons à embrasser la gratitude, il est fréquent de se demander : « Comment puis-je en vouloir plus quand je suis supposé être heureux avec ce que j'ai ? ». Paradoxal, non ?

Si l'état d'esprit d'abondance prospère essentiellement du fait d'être heureux dans sa réalité actuelle, il est parfaitement légitime d'en demander plus à la vie.

Il est fondé de désirer s'éloigner de sa réalité actuelle. Il est sain de vouloir une vie meilleure, d'atteindre de nouveaux objectifs et de faire appel à vos manifestations… tout en étant reconnaissant de ce que vous avez déjà.

Prenons par exemple la maison de vos rêves. Si vous faites preuve de gratitude dans sa forme la plus élémentaire, avoir un toit au-dessus de la tête est l'une des bénédictions les plus importantes apportées par la vie, avec la santé, la nourriture et l'eau. Ce qui ne vous interdit pas d'en désirer davantage.

Alors que je rêvais de la maison figurant sur mon tableau de visualisation, avec un jardin et des voisins silencieux, je prenais toutefois le temps d'apprécier les petits détails de mon appartement pour lesquels j'avais eu le coup de foudre des années auparavant.

La loi de l'attraction m'a appris qu'en appelant la manifestation d'une maison qui cochait toutes les cases de ma liste de courses cosmique – un jardin, du calme, un bureau, une cheminée, un garde-manger, un garage, un quartier où les voisins se saluent en se croisant – il me fallait créer un environnement de vie où je pourrais accéder au portail de bonne énergie.

J'ai commencé par créer un jardin intérieur et j'ai pris soin de chaque plante. J'ai acheté une façade de cheminée d'occasion que j'ai décorée comme si un vrai feu y brûlait par une froide soirée d'automne. Je me suis procuré des bocaux en verre et j'ai fait un tabac sur Instagram (OK… cinq commentaires de copines !) simplement en les remplissant de farine et de céréales et en y collant une jolie étiquette. Cette rangée de bocaux était ce qui se rapprochait le plus d'un garde-manger.

Un mois plus tard, la maison de mes rêves était sur le marché… et tout à moi.

Permettez-moi de réaffirmer que vous pouvez désirer plus tout en étant reconnaissant ce que vous possédez. Vous pouvez embrasser l'énergie de paix de votre situation actuelle et souhaiter mieux.

Décupler la magie de la manifestation… avec l'effet boomerang

Ce que nous libérons dans le monde, nous le recevons en retour, comme un boomerang. C'est pourquoi donner est essentiel à l'état d'abondance.

La générosité a le pouvoir de modifier l'énergie, car donner sous une forme ou une autre nourrit l'âme. Comment vous sentez-vous lorsque vous avez aidé quelqu'un ? Ou que vous avez donné de quelque manière que ce soit et qu'une douce chaleur vous envahit ?

Donner du temps, de l'argent, un sourire ou une épaule sur laquelle s'épancher : si chacun faisait un petit geste pour autrui ou quelque chose avec lequel il se sent en phase, nous pourrions modifier résolument la fréquence du monde.

De fait, donner est un instinct de survie. Partager sa nourriture avec ceux qui ont faim, donner des vêtements chauds à ceux qui ont froid sont des exemples de la générosité intrinsèque de l'humain. Ce faisant, nous avons prolongé la survie de la race humaine. Imaginez le monde si nous naissions tous en ne pensant qu'à nous.

Voici 22 façons de générer un effet boomerang avec l'univers, en redonnant aux autres.

1 Instaurez un virement permanent régulier à l'intention d'une association caritative.

2 Donnez des vêtements.

3 Donnez du maquillage / des produits de toilette à un refuge pour femmes.

4 Appelez un ami pour l'écouter, pas pour parler.

5 Préparez une tasse de thé à quelqu'un.

6 Offrez un café.

7 Souriez à un inconnu.

8 Promenez le chien du voisin.

9 Donnez votre sang.

10 Donnez vos vieux draps et serviettes à un refuge pour animaux.

11 Achetez local.

12 Faites de la pub à l'entreprise d'un ami sur vos réseaux sociaux.

13 Téléchargez une appli du type Be My Eyes pour aider les malvoyants dans leur quotidien.

14 Faites un compliment sincère.

15 Donnez du temps à une association caritative.

16 Déposez le livre que vous venez de terminer sur un banc ou à l'arrêt du bus.

17 Écrivez un petit mot sympathique et affichez-le au hasard pour que quelqu'un le lise.

18 Donnez des denrées à la banque alimentaire près de chez vous.

19 Achetez deux déjeuners et donnez-en un à une personne dans le besoin.

20 Plantez un arbre.

21 Ramassez les déchets que vous croisez.

22 Diffusez des bonnes nouvelles sur les réseaux sociaux pour faire échec à la négativité.

ÉTAPE 6

Croire

Nous voici parvenus à la phase du processus de manifestation qui fait trébucher grand nombre d'entre nous : croire. Croire que vos désirs sont disponibles pour vous et que vous méritez qu'ils se réalisent.

S'autoriser à croire

Croire au pouvoir de la manifestation ne se résume pas à autoriser l'esprit à considérer éventuellement une source supérieure ; c'est être capable de s'exposer à l'énergie de croire que ce que vous désirez sera un jour à vous. Étonnamment, ce dernier point constitue souvent une difficulté majeure.

Puisque vous êtes arrivé jusqu'ici, je suppose que vous croyez un peu aux pouvoirs de l'univers, aux énergies et au concept visant à façonner la réalité par l'esprit. Peut-être commencez-vous à croire qu'une magie inexplicable est ici en jeu et êtes prêt à utiliser consciemment cette magie.

Repensez à toutes les fois où vous avez manifesté sans en avoir conscience : quand vous avez pensé à quelqu'un qui vous a aussitôt appelé, quand vous avez imaginé un scénario professionnel qui s'est réalisé en tous points. C'est l'univers, mon ami !

Cependant, la réalité est que vous pouvez être spirituellement connecté à une source supérieure et pourtant avoir du mal à manifester. Pourquoi ? Laissez-moi vous parler des croyances limitantes.

Qu'est-ce qu'une croyance limitante ?

En élevant des barrières que l'univers ne parvient pas à franchir, les croyances limitantes sabotent la manifestation. Et si vous ne vous croyez pas mériter quelque chose, comment accorder vos énergies ?

Une pensée négative est à l'origine d'une croyance limitante, de même qu'une réaction émotionnelle – honte, culpabilité, insécurité ou colère. Ces réactions émotionnelles conduisent à des schémas comportementaux du type auto-sabotage, mauvaise gestion de l'argent, refus de prendre soin de son corps, fâcheries avec des personnes que l'on aime…

Jusqu'à l'âge de sept ans, notre subconscient est aux manettes. Il contrôle nos fonctions physiques – respiration, clignements d'yeux, digestion… Jeunes, nous acceptons notre subconscient comme un acquis, *via* nos sens.

Cependant, vers notre septième anniversaire, notre conscience commence à se former, absorbant les croyances de nos parents, tuteurs et instituteurs, leurs points de vue et opinions sur le monde… Nous comprenons quel comportement est acceptable ou ne l'est pas.

La formation de la partie consciente du cerveau peut se prolonger jusqu'à la fin de l'adolescence ou le début de la vingtaine. C'est pourquoi, lorsque nous commençons à exhumer des croyances limitantes, celles-ci remontent souvent à notre enfance et notre adolescence.

Par exemple, vos parents vous ont sans doute répété combien ils travaillaient dur pour que vous ayez à manger. Si cette vérité est incontestable, vous avez été toutefois programmé pour croire que la vie est un combat sans fin.

Votre souvenir de rires dans le jardin avec des amis quand une dispute a éclaté à la maison vous a conduit à penser que les moments heureux sont fugaces. Et cela vous empêchera de profiter pleinement de l'existence en vieillissant.

Ou vous ne vous sentez pas digne d'amour du fait de paroles malheureuses proférées lors d'une relation adolescente.

Vous avez été continuellement comparé à une sœur ou un frère super brillant et aujourd'hui vous êtes enferré dans un job honni parce que vous supposez que vous échoueriez si vous tentiez votre chance dans un domaine qui vous plaît.

Cependant, tout comme vous avez déjà formé des croyances et des opinions, la neuroplasticité du cerveau – sa capacité d'adaptation – implique qu'il peut être recâblé, reprogrammé, encore et encore. Plutôt que d'avoir un état d'esprit immuable, croire que rien ne change jamais et qu'il faut prendre la vie telle qu'elle est, nous avons la latitude de créer de nouveaux chemins et de nouvelles croyances pour nous aider à vivre différemment.

Les pensées positives créent ces nouveaux chemins. La répétition et la pratique les renforcent, en générant nouveaux comportements et nouvelles actions. Au fil du temps, les anciens chemins sont de moins en moins empruntés.

Venir à bout des croyances limitantes

Pour cet exercice, prenons l'exemple d'une croyance limitante liée à un domaine particulier de votre vie (ici : « créer ma propre entreprise, c'est trop compliqué ») et regardons comment la déconstruire.

Admettre

Pour découvrir vos croyances limitantes, commencez par noter ce qui vous vient à l'esprit quand vous envisagez d'appeler la manifestation d'un certain événement. Dans notre exemple, vous souhaitez quitter votre emploi et créer votre entreprise, mais vous vous sentez dépassé à l'idée de toutes les tâches qui vous attendent et vous vous résignez : ce sera finalement bien trop compliqué.

Relever le défi

Maintenant que vous avez admis ce qui vous freinait, remettez-vous en question en répondant à ces interrogations :

- S'agit-il là d'une croyance ou d'un fait ?
- Ai-je toujours pensé ainsi ?
- Puis-je remonter à l'origine de cette croyance ?
- Cette croyance me sert-elle et comment affecte-t-elle ma vie ?

Peser le pour et le contre

Il faut maintenant déconstruire cette croyance en trouvant des arguments pour et contre. Les « pour » peuvent sembler paradoxaux à ce stade où nous ne voulons pas affermir cette croyance… mais les « contre » s'appuieront sur ces « pour » afin de remettre en question la validité de la croyance limitante initiale.

Votre croyance limitante peut, par exemple, être étayée par les arguments suivants :

1 Il y a quelques années, vous avez créé une entreprise. N'ayant rien vendu la première semaine, vous avez fermé.

2 Vous avez monté votre affaire, mais, submergé par les obligations administratives, vous avez renoncé.

3 Vos parents étaient travailleurs indépendants. Leurs conversations négatives entendues durant votre enfance ne font que conforter ce que vous croyez être vrai.

4 Vous n'avez pas les compétences requises pour créer un site web, un compte sur les réseaux sociaux et tout ce qu'Internet semble exiger aujourd'hui d'une jeune entreprise.

Comparez ces affirmations aux arguments suivants :

1 Certes, vous avez déjà créé une entreprise, mais était-ce vraiment ce que vous vouliez faire ? Ce n'était peut-être pas le bon moment, ni pour vous, ni pour le marché. Vous êtes-vous donné suffisamment de temps ?

2 Pour les formalités administratives, il existe des assistances en ligne ou téléphoniques. Procédez par petites étapes pour ne pas vous sentir submergé. Avez-vous déjà acheté une maison ou pris une décision nécessitant de la paperasse ? C'est bien la preuve que vous pouvez le faire !

3 Vos parents ont pu avoir des croyances limitantes, mais ils ne disposaient pas des ressources dont vous avez la chance de bénéficier aujourd'hui. Vous tenez là l'occasion de démolir cette croyance générationnelle !

4 Vous manquez peut-être de compétences aujourd'hui, mais repensez à un moment où vous avez commencé quelque chose de nouveau, comme un nouveau job aux processus et système informatique

dont vous ignoriez tout. Vous avez fini par apprendre ! Idem avec votre entreprise : vous vous formerez au fur et à mesure. Avec ses tutoriels, YouTube est une véritable mine, alors ne laissez pas la peur de l'inconnu vous faire croire que vous ne pouvez pas apprendre.

Élaborer une nouvelle croyance

Voyez-vous comment ces « pour » et ces « contre » recadrent vos pensées ? Créons maintenant une nouvelle croyance, et c'est à vous de décider : que recherchez-vous ? Que voulez-vous réussir ? Quel état d'esprit vous aidera à atteindre ce but ? La nouvelle croyance pourrait être, par exemple :

« Il est en mon pouvoir de surmonter tout obstacle avec aisance et fluidité, et je suis prêt à devenir cette version de moi qui gère une entreprise florissante ».

Une fois choisie cette nouvelle croyance, commencez à visualiser mentalement le résultat escompté, par exemple des confirmations de vente qui défilent sur l'écran de votre téléphone, ou vous en train d'emballer vos commandes.

Passer à l'action

Une fois que l'état d'esprit commence à changer, le comportement et les actes suivent. Passez à l'action pour consolider cette croyance comme si elle était tangible. Si, par exemple, votre nouvelle croyance est d'être capable de surmonter n'importe quel obstacle pour créer une entreprise florissante, alors investissez enfin dans l'hébergement d'un site web. Ou inscrivez-vous à un cours pour apprendre à tirer le meilleur parti d'une campagne de marketing par email. En consolidant ainsi votre croyance, vous multipliez les preuves en sa faveur, preuves sur lesquelles vous vous appuieriez si vous deviez à un moment vous sentir retomber dans votre croyance limitante.

Choisissez vos modèles

Freiné par une croyance limitante, l'esprit se met en quête d'exemples visant à prouver que cette croyance est une réalité. Ici, cette « preuve » peut prendre la forme d'avis de faillite d'entreprises, d'amis peinant à financer leurs projets, de gros titres de journaux relatifs au climat économique difficile…

Pour modifier cette croyance limitante, il faut s'entourer d'individus qui vivent l'existence à laquelle nous aspirons, qui font ce que nous rêvons de créer, nous montrant ce qui est réalisable, puisque ces gens sont comme vous et moi.

Suivez sur les réseaux sociaux ceux qui ont réussi dans le domaine que vous convoitez. Entourez-vous de l'énergie à laquelle vous aspirez : vos croyances limitantes s'émousseront rapidement.

Nos modèles nous montrent ce qui est réalisable.

Décupler la magie de la manifestation… avec l'EFT

La Technique de Libération Émotionnelle (EFT), ou tapping (« tapotage »), est une médecine alternative développée au milieu des années 1990 par Gary Craig, ingénieur diplômé de l'Université de Stanford et pasteur. Largement considérée comme une pseudoscience par la communauté scientifique, cette méthode psychocorporelle a pourtant été citée dans des centaines d'études au titre d'une technique éprouvée pour aider à résoudre les problèmes du type angoisses, troubles de stress post-traumatique (TSPT) et même douleurs physiques.

L'EFT consiste à tapoter à l'aide de l'index et du majeur les méridiens d'acupuncture, afin de rééquilibrer les flux d'énergie. La médecine chinoise traditionnelle considère les méridiens comme les voies permettant à l'énergie de circuler dans le corps. Déséquilibrés ou bloqués, ils provoquent un mal-être et éventuellement des maladies. Stimuler ces points du bout des doigts est une manière facile de rétablir une énergie perturbée.

Au regard de la manifestation, l'EFT vise à changer l'énergie en énergie positive en répétant différentes affirmations, afin d'invoquer une émotion particulière et reprogrammer nos objectifs.

Par exemple, si vous avez le sentiment que rien ne va, cette méthode vous fera passer d'un état négatif et déséquilibré à un état neutre, puis à un état réceptif, ouvert au champ des possibles. Pensez à l'EFT comme à un jeu vidéo : en tapotant, vous enchaînez les niveaux jusqu'à atteindre le podium.

Petit guide des méridiens

Tapotez chaque point indiqué sur cette illustration à l'aide de l'index et du majeur. Le côté du visage tapoté n'a aucune importance, ni le fait d'utiliser la main droite ou gauche.

1 Point karaté
2 Sommet de la tête
3 Coin supérieur interne du sourcil
4 Coin de l'œil
5 Sous l'œil (sur la partie charnue de la joue)
6 Au-dessus de l'arc de Cupidon
7 Creux du menton
8 Sur la clavicule
9 Sous l'aisselle

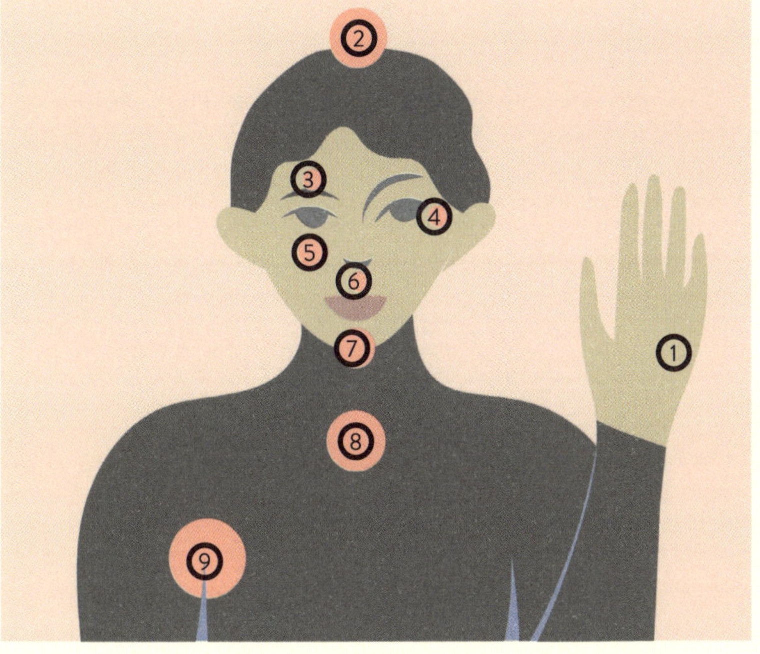

L'EFT pour s'ouvrir au champ des possibles

Choisissez le problème pour lequel vous souhaitez changer d'énergie : « j'ai l'impression que ma manifestation ne deviendra jamais réalité ».

Tapotez successivement vos méridiens, en répétant : « Même si j'ai l'impression que ma manifestation ne deviendra jamais réalité, je m'aime et je m'accepte profondément et pleinement ».

Il est essentiel de s'autoriser à ressentir les émotions éprouvées lorsque cette croyance limitante se signale. Soyez triste, en colère, démoralisé… Ces sentiments ne se libèrent qu'à condition de remonter à la surface et d'être acceptés.

Entrez maintenant dans un état d'énergie neutre, avec une phrase débutant par « peut-être » : « Peut-être pourrais-je libérer cette croyance militante afin d'envisager les choses sous un angle différent ». Ce faisant, tapotez de nouveau les méridiens, en étant focalisé sur l'énergie du champ des possibles.

Comment vous sentiriez-vous dans un état de neutralité ?

En accédant à un état plus neutre (la voix change, ou vous parlez plus rapidement, la posture et les expressions faciales se modifient), continuez à tapoter les méridiens en exprimant votre nouvelle croyance positive : « Je mérite tout ce que je désire, et je suis prêt à devenir la personne que je dois être pour accueillir mes manifestations ». Continuez à ressentir vos émotions en pleine conscience afin d'atteindre un état optimal d'enthousiasme, de joie et de positivité au cours de cette ultime phase de rééquilibrage de vos méridiens.

Les différentes étapes pour atteindre vos objectifs

Bien qu'il s'agisse ici d'une initiation à l'EFT, je vous propose un canevas plus approfondi et interchangeable à suivre une fois que vous vous serez familiarisé avec vos méridiens et à adapter en fonction des croyances qui vous freinent.

Phase négative

- Méridien point karaté : même si j'ai l'impression que je ne serai jamais capable d'attirer ce que je souhaite, je m'aime profondément et pleinement, et je me respecte.
- Méridien sommet de la tête : même si j'ai l'impression que je n'atteindrai jamais mes objectifs, je m'aime profondément et pleinement, et je me respecte.
- Méridien coin supérieur interne du sourcil : même si j'ai l'impression d'échouer dès que je tente quelque chose, je m'aime profondément et pleinement, et je me respecte.
- Méridien coin de l'œil : même si j'ai l'impression que je ne serai jamais capable d'attirer ce que je souhaite, je m'aime profondément et pleinement, et je me respecte.
- Méridien sous l'œil : même si j'ai l'impression que je n'atteindrai jamais mes objectifs, je m'aime profondément et pleinement, et je me respecte.
- Méridien au-dessus de l'arc de Cupidon : même si j'ai l'impression d'échouer dès que je tente quelque chose, je m'aime profondément et pleinement, et je me respecte.
- Méridien creux du menton : même si j'ai l'impression que je ne serai jamais capable d'attirer ce que je souhaite, je m'aime profondément et pleinement, et je me respecte.
- Méridien sur la clavicule : même si j'ai l'impression que je n'atteindrai jamais mes objectifs, je m'aime profondément et pleinement, et je me respecte.
- Méridien sous l'aisselle : même si j'ai l'impression d'échouer dès que je tente quelque chose, je m'aime profondément et pleinement, et je me respecte.

Phase neutre de transition

- Méridien point karaté : je pourrais peut-être commencer à considérer ces croyances sous un angle différent.
- Méridien sommet de la tête : je pourrais peut-être changer ces croyances.
- Méridien coin supérieur interne du sourcil : je pourrais peut-être libérer ces croyances.
- Méridien coin de l'œil : je choisis de les libérer.
- Méridien sous l'œil : ce ne sont que des histoires que je me suis racontées.
- Méridien au-dessus de l'arc de Cupidon : et si je me racontais d'autres histoires ?
- Méridien creux du menton : et si je m'autorisais à voir les choses différemment ?
- Méridien sur la clavicule : et si je m'autorisais à croire en quelque chose de différent ?
- Méridien sous l'aisselle : je choisis de libérer ces croyances et de prendre un nouveau départ.
- Ressentez-vous un changement dans votre énergie ? Si oui passez à l'étape suivante, si non, recommencez les phases neutres.

Phase positive

- Méridien point karaté : je suis prêt à devenir la personne que je dois être.
- Méridien sommet de la tête : je réussis tout ce que j'entreprends.
- Méridien coin supérieur interne du sourcil : l'univers m'accompagne sur la voie du meilleur.
- Méridien coin de l'œil : les autres sont le reflet de ce que je suis et de ce que je crois, ils me renvoient désormais les vibrations élevées que j'émets dans le monde.
- Méridien sous l'œil : je mérite ce que je désire.
- Méridien au-dessus de l'arc de Cupidon : je suis prêt à accueillir un flux d'abondance pour mon entreprise.
- Méridien creux du menton : du point de vue de l'énergie, je suis prêt à atteindre mes objectifs.
- Méridien sur la clavicule : j'accueille plus d'amour et de connexion.
- Méridien sous l'aisselle : je suis le créateur de ma vie.

Fermez les yeux, posez les mains sur vos genoux, paumes vers le ciel, et prenez une profonde inspiration.

ÉTAPE 7

Passer à l'action

Si les enseignements de la loi de l'attraction ne vous étaient pas totalement inconnus avant de lire ce livre, vous n'êtes peut-être pas étranger à l'idéologie selon laquelle il est possible d'attirer nos plus grands désirs par les pensées que nous choisissons. Nombre de gourous de la manifestation vous diront que si vous demandez, vous recevrez. Et c'est vrai, dans une certaine mesure.

Action et loi de l'attraction

Il y a un réel pouvoir à s'aligner avec l'énergie que vous voulez attirer puis à simplement lâcher prise. C'est là toute la beauté de la manifestation. Vous appelez ce que vous désirez et l'univers vous aide à le réaliser, ou à réaliser quelque chose de mieux.

Jusqu'ici, les concepts abordés dans cet ouvrage étaient tournés vers vous. J'ai personnellement généré des manifestations simplement en les mettant en œuvre. Il suffit parfois de se focaliser sur une fréquence vibratoire plus élevée et de faire confiance au timing divin pour magnétiser des moments d'exception.

Plus vous agirez positivement afin de favoriser la manifestation d'un évènement, plus les résultats escomptés seront alignés. C'est ici que la spiritualité s'unit à la stratégie.

Considérez vos premiers pas vers une action inspirée comme une seule ampoule qui éclairera tout le chemin que vous parcourrez. Suivre votre intuition initiale déclenchera une succession d'événements qui vous guideront vers ce que vous désirez.

C'est ici que la spiritualité s'unit à la stratégie.

Les coups de pouce de l'univers

Quand l'action au sens strict est axée sur les résultats et les solutions, l'action inspirée est connectée à une forte pulsion intérieure de réaliser quelque chose en lien avec la vision de sa vie rêvée.

L'action inspirée est un peu une boussole intérieure qui vous guide vers votre manifestation, sous la forme, par exemple, d'une envie soudaine de soumettre une idée à votre boss, ou d'accepter une invitation de dernière minute.

D'un point de vue spirituel, ces petits coups de pouce sont appelés « téléchargements universels » : l'esprit serait un disque dur vers lequel l'univers enverrait idées, signes et conseils, afin de vous indiquer la direction à prendre pour voir vos rêves se réaliser.

Par la pratique et la conscience de soi, vous reconnaîtrez bientôt ces coups de pouce de l'univers, peut-être sous la forme d'une pensée, mais la sensation d'être guidé viendra à condition d'être en phase avec votre instinct. L'instinct est l'un des indicateurs les plus puissants qui soit. Pourtant nombre d'individus ignorent le leur.

Pour recevoir ces téléchar-gements universels, le volume sonore du monde extérieur doit être baissé. Dix minutes de méditation par jour suffisent à être réceptif et permettre à l'univers de se connecter. Si vous avez du mal à rester immobile en silence, les séances de méditation de YouTube ou des applis sont là pour vous aider. Sortez et prenez l'air, emportez votre téléphone si vous ne voulez pas vous en séparer, mais obligez-vous à donner de l'espace à votre esprit. L'univers peut aussi vous venir en aide quand vous dormez, sous la forme de rêves très frappants.

Ayez toujours un carnet et un stylo sur votre table de nuit afin de noter idées et pensées avant qu'elles ne s'évaporent à votre réveil.

Prise de risques

Un conseil ? Si vous êtes parfaitement aligné avec ce dont vous sollicitez la manifestation et que vous recevez un coup de pouce de l'univers, passez à l'action avant que l'énergie ne s'éparpille.

Cette suggestion résonne particulièrement chez ceux qui ont leur propre business ou un projet personnel. Vous est-il déjà arrivé d'avoir une idée, de la mettre de côté et de la voir mise en œuvre par quelqu'un d'autre ? L'univers vient de vous lancer un avertissement bien utile : vous ne vous êtes pas arrogé cette idée, alors elle a été donnée à quelqu'un d'autre. Ne l'abandonnez pas pour autant, mais sachez que les idées sont canalisées vers nous dans un laps de temps déterminé. À vous de sauter le pas.

L'action inspirée est enthousiasmante et motivante. Elle peut aussi faire peur, comme pour toute nouvelle aventure, avec des papillons dans le ventre et le cerveau qui surchauffe. On peut aussi se sentir calme et sûr de soi.

Si vous n'êtes plus en phase, ou contraint ; si vous réfléchissez trop et que vous prenez en grippe ce que vous désirez, il est temps de prendre du recul et de lâcher prise. Vous obligez-vous à aller à la rencontre de l'univers, ou le faites-vous car cela vous fait du bien ? Que vous dit votre instinct ?

OK, donc vous savez comment faire avancer votre vie. Mais il y a un problème. La peur.

Qu'arriverait-il de pire si vous passiez à une action inspirée et que, pour une raison ou une autre, cela ne fonctionnait pas ? Vous avez proposé une idée à votre boss et il n'est pas intéressé. Serez-vous viré ? Non, mais l'univers sait peut-être qu'une promotion se profile à l'horizon : maintenant que vous avez montré votre ténacité et votre volonté à la personne chargée de choisir l'heureux élu, vous pourriez bien avoir semé les graines d'une responsabilité accrue au sein de votre équipe (et de l'augmentation de salaire qui va de pair).

L'instinct est l'un des indicateurs les plus puissants qui soit.

Nous aborderons à nouveau le sujet réorientation / rejet, mais voyez-vous comment une action inspirée ne conduit pas nécessairement à un résultat direct ? Elle joue sur le long terme plutôt que sur la gratification immédiate.

L'action inspirée peut être perçue comme risquée, mais sachez que vous serez en sécurité quel que soit le résultat, et que si vous prenez une mauvaise direction, l'univers saura vous indiquer la bonne voie.

Certains, terrifiés à l'idée de faire le grand saut et de prendre des risques, finissent par se limiter à exister au lieu de vivre. Vivre, c'est prendre des risques.

Vous évitez les risques par peur de l'inconnu, mais que se passera-t-il si vous « échouez » ? Réfléchissez-y une seconde. Craignez-vous le jugement des autres ? Redoutez-vous d'être rejeté ?

Vous avez plutôt peur de vos propres émotions. Vous ne prenez pas de risques parce que vous ne voulez pas ressentir la honte, la gêne, ou vous sentir stupide.

Comprenez que ce sont vos propres émotions que vous craignez… et que vous pouvez les modifier. Nous avons tous

le pouvoir de changer ce que nous ressentons grâce à nos pensées.

J'ai parfois pris des risques qui n'ont pas payé. À 20 ans, je me suis installée à Londres, à des centaines de kilomètres de chez moi. Je rêvais de vivre dans cette ville fabuleuse, y tomber amoureuse, nouer de nouvelles amitiés, tenter des expériences et voir ma carrière décoller. Mon tableau de visualisation croulait sous les images de Londres. J'ai appelé la manifestation d'un appartement et même de mon job, ce qui m'a permis de déménager et de décrocher une augmentation.

Merci l'univers !

Était-ce là l'issue heureuse que j'avais imaginée ? Non. Au bout d'un an, j'étais désespérément seule, mes amis et ma famille me manquaient et je n'aimais plus mon boulot. Le trio perdant.

Longtemps, mon égo a pris le dessus sur mon instinct. J'avais envie de rentrer à la maison, de prendre racine ailleurs. Mais mon égo avait d'autres idées.

L'égo

Quand l'instinct est la manière dont l'âme nous guide sur la voie du meilleur, l'égo se focalise sur la survie en s'assurant de nos besoins fondamentaux. Le problème, c'est que certains laissent l'égo prendre le pouvoir. Pourtant, ce qui était crucial pour l'homme des cavernes ne l'est plus aujourd'hui.

L'égo nous critique et critique les autres. Il a une soif constante de contrôle, ce qui nous pousse à trop réfléchir, à rechercher l'approbation d'autrui et à considérer ce que nous devrions faire au lieu de ce que nous voulons faire. Nous remettons nos décisions en question. L'égo limite nos pensées, quand l'instinct est synonyme de profusion.

Quand nous laissons l'égo prendre le contrôle, notre état émotionnel n'est que culpabilité, ressentiment, orgueil, suffisance et jalousie, des sentiments à la fréquence vibratoire basse : nous éprouvons alors une lourdeur physique.

Toute mon existence londonienne était guidée par mon égo. Que vont penser les gens ? Comment sauver la face ? Cette version de moi n'était pas… moi.

Égo et instinct

Il y a plusieurs façons de différencier la voix de votre égo et celle de votre instinct.

- Le ton de l'instinct est calme et s'appuie sur l'amour ; l'égo est frénétique, dépréciatif et négatif, il hausse la voix pour renforcer son contrôle.
- Quand l'instinct commence à vous guider, il s'accompagne d'un ressenti de sécurité et de connaissance ; l'égo dresse la liste de ce que vous ne devriez pas faire et de ce qu'il se produirait de négatif si vous persévérez.
- Quand vous vous interrogez, l'instinct vous propose une réponse ; puis l'égo intervient, suranalysant et remettant en question votre décision initiale.
- L'instinct vous offre la liberté d'être en accord avec l'énergie de la vie ; l'égo vous pousse à prendre des décisions tranchées.

Travailler sur son égo

Vous vous attendez peut-être à ce que je vous dise comment lutter contre l'égo et le faire taire. En vérité, l'égo a un rôle à jouer : il est conçu pour avertir du danger. Voilà pourquoi il se focalise sur le négatif quand vous vous aventurez hors de votre zone de confort.

La clé pour trouver l'équilibre ? Se concentrer sur la compassion et l'amour de soi. Nous, humains, sommes faits pour éprouver un sentiment de plénitude. Sans l'égo, ce serait impossible.

Commencez par accepter votre égo en lui donnant un nom. Le mien s'appelle Kate. Kate veut pour moi ce qu'il y a de mieux, mais quand elle remet en question mes décisions, je la remercie de s'inquiéter pour moi et je l'informe que je suis en sécurité et prête à accéder à un nouveau niveau de ma zone de confort.

Kate peut parfois tenir des propos très blessants. C'est à ce moment-là que je tourne le dos à ces pensées. Voyez-vous, nous ne sommes pas nos pensées, nous sommes les penseurs de nos pensées. Les pensées négatives ne sont pas des faits. L'égo n'est pas la vérité. Je reconnais alors que c'est bien là mon égo qui parle, et je coupe la connexion avec lui.

Que se passe-t-il quand vous apprenez à collaborer avec votre égo ? Sa voix se fait plus ténue, vous êtes moins angoissé et capable de vous mettre en accord avec votre instinct.

Comment allez-vous appeler votre égo ?

L'égo a un rôle à jouer : il est conçu pour avertir du danger.

Décupler la magie de la manifestation… avec le journal de connexion

Dans ce chapitre, vous aurez glané les moyens d'être en phase avec votre instinct et de choisir l'action inspirée, mais l'une des méthodes les plus efficaces pour récolter les bienfaits de l'univers est sans doute le journal de connexion.

1 Choisissez un lieu calme et confortable où vous ne serez pas dérangé et coupez le son de votre téléphone.

2 Inspirez par le nez sur quatre temps et expirez par la bouche sur quatre temps. Répétez trois fois.

3 Lorsque vous sentez vos épaules se relâcher, ouvrez votre journal de bord et notez ce sur quoi vous aimeriez être éclairé. Vous pouvez demander à l'univers de vous aider à prendre une décision difficile. Ou de vous indiquer la direction à choisir pour une prochaine étape de votre vie. Ou tout simplement sur quoi vous focaliser cette semaine.

4 Concentrez-vous sur votre respiration et notez vos pensées dès qu'elles traversent votre esprit, sans vous préoccuper de la structure grammaticale – c'est ce que l'on appelle le « flux de conscience » : laissez votre stylo glisser sur le papier et canaliser ce que vous êtes appelé à canaliser.

5 Vous recevrez peut-être des idées ou des solutions que votre esprit embrumé ne parvenait pas à distinguer auparavant, ou vous exhumerez des croyances limitantes (voir p. 101-103).

6 À l'issue de cette session d'écriture, remerciez l'univers de vous avoir guidé ou apporté des réponses.

En vérité, nous connaissons déjà les réponses aux questions que nous nous posons, mais notre égo et nos croyances limitantes subconscientes altèrent notre capacité à les écouter.

J'ai ajouté cette session d'écriture à ma routine en 2020. J'étais alors très angoissée, comme la plupart des gens en cette période de pandémie mondiale. Cette pratique m'a permis de me focaliser sur ce vers quoi j'étais guidée afin de retrouver mon calme, de localiser mes fuites d'énergie, et de me montrer comment surmonter une phase aussi difficile. J'y consacre désormais un moment chaque semaine.

En vérité, nous connaissons déjà les réponses aux questions que nous nous posons.

ÉTAPE 8

Lâcher prise

Alors que ce livre touche à sa fin, cet avant-dernier chapitre est l'opportunité d'aborder le lâcher prise vis-à-vis de notre obsession du résultat, qui fonctionne comme une confortable réassurance.

L'univers veille

Comprendre comment se connecter aux pouvoirs de l'univers et intégrer ses lois dans notre quotidien constitue un tournant dans l'existence.

Toutefois, pour accueillir la loi de l'attraction, il faut se sentir en confiance. Apprendre à appeler la manifestation d'un événement est un acte de foi qui exige de croire à quelque chose que nous sommes physiquement incapables de voir, et d'avoir la force de ne plus mettre d'affect dans le résultat escompté.

Lorsque j'ai découvert la loi de l'attraction, le concept du « lâcher prise » m'a donné du fil à retordre. Je pensais que nous étions supposés penser à ce dont nous appelions la manifestation afin que celle-ci se produise. Ne fallait-il donc pas la visualiser ? Mais comment conjuguer cela au lâcher prise et à la libération dans l'univers ? Cette étape a bien failli avoir raison de ma motivation.

Il m'a fallu des années pour consciemment désapprendre et réapprendre, pour comprendre mes flux d'énergie, pour être confiante sur le fait que j'obtiendrai ce qui est censé me revenir. Et à chaque fois que ce qui était censé me revenir m'a échappé, ce fut pour ouvrir la voie à quelque chose de meilleur.

L'évolution technologique des quarante dernières années ne laisse désormais plus la place à la patience. Le micro-ondes chauffe notre repas en quelques minutes. Nous avons tout Internet au creux de notre main. Nous recevons ce que nous avons commandé en ligne en à peine quelques jours, voire quelques heures. Il n'est donc pas étonnant que nous nous impatientions lorsque l'objet de notre manifestation ne s'est pas concrétisé au bout de cinq minutes !

Au fil de mon parcours d'apprentissage, je suis devenue capable d'expérimenter le pouvoir de renoncer au « comment » et au « quand ».

Nous pouvons travailler sur nos croyances, nous pouvons nous connecter à l'univers et appeler ce que nous désirons, mais nous n'avons aucun contrôle sur la façon dont nos vœux seront exaucés et le moment où cela se produira.

Si vous vous obstinez à demander, à vous interroger, à vérifier, à changer d'avis, à revérifier… vous finirez par tuer votre désir. Autant avouer à l'univers que vous ne lui faites pas confiance.

Imaginez aller au restaurant, passer commande et vous tenir debout derrière le chef en lui demandant quand le plat sera prêt, avec quoi sil era servi et sur quelle assiette ? !

S'accrocher de la sorte à ses désirs est caractéristique des maniaques du contrôle. À ce stade, en vous rapprochant du désespoir et en vous éloignant de l'alignement, vous pouvez éprouver une baisse abrupte de vibration.

Je reçois chaque année des centaines de lettres de personnes m'expliquant comment elles ont écrit une lettre de reconnaissance à l'univers, qu'elles ne sont plus dans le même état d'esprit, qu'elles ont libéré du bien dans le monde… elles veulent désormais savoir ce qu'elles doivent faire pour que l'objet de leur manifestation se concrétise enfin.

Ma réponse est toujours la même. Au cœur de la manifestation, il y a l'énergie que nous libérons, et celle que nous recevons. Quelle sorte d'énergie libérons-nous si nous essayons toutes les techniques de manifestations disponibles ? Ce serait le signe que nous ne faisons pas confiance à l'univers ni au timing divin. Que nous ne croyons pas que nos pensées peuvent créer notre réalité. Ce qui est la définition parfaite d'un état d'esprit de manque…

Quid alors des personnes qui rencontrent l'amour ou qui trouvent enfin la maison de leurs rêves à la seconde où elles cessent de chercher ?

Comment lâcher prise ?

La réponse sincère à cette question est que si l'objet de la manifestation ne se concrétise pas, il faut être en paix avec sa vie. Avoir un Plan B, c'est-à-dire une existence qui vous contente pour considérer tout ce qui vous arrive comme un bonus. Ce qui est difficile si vous êtes émotionnellement lié à l'objet de votre manifestation, comme le désir d'un enfant, d'une relation ou d'un changement positif dans le domaine de la santé. Il n'est pas aisé, mais possible, de se focaliser sur un Plan B. Être en paix avec sa vie, quoi qu'il arrive, c'est la liberté ultime. Car à la minute où vous lâchez prise et jouissez du bonheur d'une issue différente, l'univers vous apportera exactement ce que vous recherchiez.

La manifestation consiste à façonner sa vie conjointement avec l'univers, c'est pourquoi la confiance est de mise. L'univers communique toujours avec nous d'une manière ou d'une autre, par des signes, des coups de pouce ou une intervention divine. Pour les reconnaître, il faut ouvrir les yeux, l'esprit et l'âme (voir p. 150-153)

Demandez-vous si vous vous accrochez autant à votre manifestation parce que vous supposez qu'elle vous apportera le bonheur.

Nous, humains, vivons dans l'évocation du passé, planifions et nous préoccupons aussi de l'avenir sans vraiment accepter l'idée que nous ne contrôlons

réellement que la seconde que nous sommes en train de vivre, puisque c'est le seul moment où nous sommes vraiment présents dans notre « être ».

Nous sollicitons certaines choses en supposant qu'elles sont porteuses de bonheur ; mais si nous ne sommes pas heureux au fond de nous-même, jamais la magie de l'univers ne pourra nous combler.

Nous sommes programmés pour croire qu'en achetant cette voiture, nous nous sentirons incroyablement bien ; qu'avec une augmentation, notre vie professionnelle sera plus facile. Oui, les biens matériels peuvent nous rendre heureux… jusqu'à un certain point. Ces bouffées de bonheur sont provoquées par une libération éphémère de sérotonine dans le cerveau : instant fugace et nous voilà repartis en quête d'une nouvelle joie.

Nous aspirons à un bonheur qui est déjà en nous. Pour être heureux, nul besoin d'attendre pour être heureux. Nul besoin d'atteindre une certaine somme sur le compte en banque, un certain chiffre sur la balance, un certain échelon professionnel.

Vous êtes capable d'accéder à la vibration du bonheur simplement par vos pensées. C'est pourquoi j'ai tant insisté sur les objectifs de l'âme dans les premiers chapitres.

Quelques suggestions

Si vous avez du mal à lâcher prise, voici quelques questions à vous poser et à consigner dans votre journal de bord :

- Qu'est-ce qui vous empêche de vous libérer complètement ?
- Que craignez-vous si l'objet de votre manifestation ne se concrétisait pas immédiatement ?
- Qu'est-ce qui pourrait vous apporter bonheur et sérénité à l'heure actuelle ?
- Si vous parveniez à lâcher prise sur votre Plan A, quel serait votre Plan B ?

Nous aspirons à un bonheur qui est déjà en nous.

Déplacement quantique et lâcher prise

Le déplacement quantique, ou saut quantique, est un concept consistant à passer à une autre version de soi-même dans une réalité alternative, en choisissant de vivre une expérience différente. Science-fiction ? Pourtant, vous avez déjà sans doute inconsciemment expérimenté un déplacement quantique… Souvenez-vous, enfant, quand votre mère guérissait instantanément un « bobo » en déposant un baiser dessus ? Ou quand vous vous sentiez déjà mieux après une gorgée de la limonade préparée par votre grand-père ? L'effet placebo, dont il s'agit ici, est un excellent exemple de déplacement quantique.

Le but est d'envisager un état désiré et entrer dans cette autre réalité. Dans l'exemple ci-dessus, cette autre réalité est de jouer avec nos amis plutôt que de perdre du temps dans notre douleur. À chaque instant, différentes options s'ouvrent

à nous : le déplacement quantique permet d'entrer dans une réalité plus favorable.

Une kyrielle de séances de méditation guidées sont disponibles en ligne pour vous aider à réaliser des déplacements quantiques. Cependant, la technique la plus simple pour s'engager dans une réalité alternative est d'imaginer la version de vous-même qui a déjà reçu le fruit de sa manifestation. Imaginez votre attitude, vos propos, votre tenue, votre ressenti… entrez de plain-pied dans le corps de cette nouvelle réalité et déclarez avec assurance que vous êtes cette personne.

En adoptant avec sérénité cette version de soi en accord avec ses désirs, plus besoin de se préoccuper du « comment » et du « quand » : vous avez choisi une vibration stable et inébranlable en sautant dans une réalité où cette version de vous sait, sans le moindre doute, que vos souhaits se sont déjà concrétisés ; vous attendez simplement leur arrivée. Soyez cette version inébranlable de vous-même chaque jour, le temps de ressentir un changement dans votre réalité.

Un « non » pour un « oui »

L'une des techniques les plus puissantes est sans doute d'adopter un état d'esprit où la non-manifestation n'est pas ressentie comme un contretemps mais comme le préalable à une prochaine opportunité. Comme la fois où j'ai postulé pour le job de mes rêves dans l'un des plus gros magazines de mode et où je n'ai même pas décroché d'entretien. Je me suis sentie rejetée, mais quelques mois plus tard, on me proposait un poste dans une maison d'édition plus proche de chez moi : l'univers avait d'autres idées pour moi et m'a ainsi rapprochée de l'ultime barreau de l'échelle professionnelle que je grimpais à l'époque.

Qu'il s'agisse d'un emploi où un autre candidat a été choisi, d'une relation qui n'a pas fonctionné, d'un achat immobilier qui a capoté au dernier moment, de projets avortés : à chaque fois que j'ai dû faire un détour, autre chose m'attendait au coin de la rue…

Il n'y a pas de rejet, seulement de nouvelles orientations.

Dans ce genre de situations, pensez à ce que l'univers voit et qui est invisible à vos yeux.

Le job qui vous est passé sous le nez était peut-être terriblement stressant. Cette relation n'a sans doute pas fonctionné parce que l'univers savait déjà que vous n'étiez pas compatible sur le plan énergétique. Ce voyage a été annulé parce que vous avez été emmené ailleurs dans le monde.

L'univers ne veut pas que vous échouiez. Il est là pour vous guider et vous aider à façonner une vie que vous aimez vraiment. Il veut pour vous une existence de moindre résistance. C'est pourquoi il faut suivre son instinct et comprendre que le « non » de l'univers est fondamental : c'est un détour pour rejoindre la bonne voie.

Décupler la magie de la manifestation… avec les affirmations

La méthode de l'affirmation ne se résume pas à se tenir maladroitement devant un miroir et à pointer son reflet du doigt en se répétant que nous sommes formidables. Ces affirmations positives peuvent prêter à sourire… mais derrière cet exercice se cache pourtant une véritable théorie.

En termes simples, disons que les affirmations contribuent à lutter contre la pensée négative. L'idée est de remplacer, dans le subconscient, un récit dépassé et inutile par un autre, plus positif. Chaque fois qu'est énoncée une affirmation positive, le subconscient est reprogrammé, car il est incapable de faire la différence entre un fait et une croyance.

Les affirmations positives contribuent à booster l'estime de soi ; elles peuvent aussi modifier la façon dont vous percevez vos compétences professionnelles ou amplifier votre confiance lors d'un premier rendez-vous.

Que vous choisissiez de noter vos affirmations chaque matin ou de les répéter à haute voix, le langage doit être réaliste.

Par exemple, si vous vous focalisez sur l'amour de soi et l'image corporelle, l'affirmation : « J'aime l'apparence de mon corps dans le miroir » ne vous conviendra peut-être pas. En revanche, vous croirez peut-être mieux et accueillerez plus facilement l'énergie de : « J'apprécie mon corps pour tout ce qu'il m'a permis de réaliser jusqu'à présent ».

En énumérant chaque affirmation, abandonnez-vous à cette émotion spécifique. Si votre affirmation est : « Je suis confiant », pensez à un moment où vous avez éprouvé un certain niveau de confiance en vous, et ancrez-vous dans ce ressenti. « Je suis aimé » : pensez à une période de votre vie où vous vous êtes senti aimé et apprécié.

Les affirmations contribuent à lutter contre la pensée négative

Pour chaque technique de manifestation, affirmations comprises, utilisez le présent – « je suis ». « Je veux » ou « je vais » indiquent à l'univers que vous n'avez pas encore ce que vous désirez, que votre quête se poursuit et que vous êtes donc dans un état d'esprit de manque.

Et c'est ainsi que vous recevrez plus d'occasions d'attendre…

La loi de l'attraction stipule que tout ce que nous pouvons imaginer dans notre esprit est disponible pour être magnétisé vers nous. En utilisant le présent de l'indicatif, nous réaffirmons que nous possédons déjà ce que nous désirons, il s'agit ici de créer le canal le plus fluide possible pour recevoir l'objet de notre manifestation.

Vous trouverez pages suivantes 20 affirmations : commencez par en choisir trois à cinq avec lesquelles vous vous sentez particulièrement en phase. Adaptez les mots pour qu'ils reflètent au mieux votre réalité personnelle. Énoncez vos affirmations à haute voix ou notez-les dans votre journal ou votre carnet. Assurez-vous d'y associer à chaque fois une émotion positive.

Quelques affirmations pour bien commencer la journée

- Je m'accepte inconditionnellement.
- Je suis en phase avec l'énergie de l'abondance.
- Je m'aime et je m'accepte.
- Je suis mon intuition et mon cœur pour rester en sécurité et je suis prêt à entrer dans cette énergie.
- Je peux faire absolument tout ce que je décide de faire.
- Plus je donne, plus je recevrai.
- Ma confiance en moi ne connaît aucune limite.
- J'attire l'argent.
- L'argent vient à moi de façons attendues et inattendues.
- Je passe sans effort à un état d'esprit d'abondance.

- Les opportunités se présentent à moi facilement et sans effort.
- Je vois la perfection dans tous mes défauts.
- J'ai le pouvoir de créer le changement.
- J'approuve pleinement qui je suis.
- J'ai le droit d'occuper l'espace.
- Je choisis la paix.
- Je me pardonne.
- Les possibilités de ce jour m'enthousiasment.
- J'ai tant de raisons d'être reconnaissant.
- Je mérite des relations de qualités.

ÉTAPE 9

Prêter attention aux synchronicités et aux signes

Mes années d'expérience dans l'enseignement du concept de manifestation m'ont appris que synchronicités et signes de l'univers marquent souvent le début du voyage spirituel pour de nombreuses personnes, qui passent alors de la théorie à l'acceptation qu'il existe quelque chose de plus magique.

Approfondir sa connexion

Au fur et à mesure que nous avançons dans la vie, nous serons tentés de demander conseil à l'univers, surtout aux moments où notre instinct et notre égo se disputent la première place dans notre quête de clarté.

Signes et synchronicités sont souvent considérés comme de simples coïncidences. Et pourtant, en vertu de la loi de l'unité et de l'interconnexion de toutes choses sur Terre, peut-être sommes-nous vraiment guidés par une source supérieure tout au long de notre parcours. Peut-être y a-t-il réellement quelque chose d'autre en jeu, qui nous dirige vers le chemin le mieux adapté et nous rassure sur le fait que nous nous trouvons sur la bonne voie.

Un contretemps n'a pas que des aspects négatifs : ce peut être, pour l'univers, un moyen de vous sauver.

Qu'est-ce que la synchronicité ?

La synchronicité est un moment d'une telle signification pour votre réalité qu'il est difficile de l'ignorer. Le terme fut inventé par le psychiatre Carl Jung pour décrire des circonstances qui semblent liées, mais sans aucune causalité.

Une rencontre fortuite avec une personne que vous songiez à contacter. Des inconnus qui discutent de l'objet de votre manifestation. Votre livre qui s'ouvre à une page contenant un message que vous avez besoin de lire à ce moment précis. Ou lorsque, perdu en voiture, vous débouchez soudainement dans un endroit que vous avez toujours voulu visiter.

Oui, les synchronicités peuvent sembler inexplicables tout en étant parfaitement alignées !

Un exemple de synchronicité si improbable qu'il est difficile de concevoir que cela relève du hasard fut la fois où j'évoquais avec un ami un sportif retraité que j'ai donc googlé pour savoir où il en était de sa vie. Le lendemain, j'étais impliquée dans un accident de voiture… et c'est ce sportif qui s'est arrêté pour voir si j'allais bien ! Je me refuse à penser que le monde regorge de simples coïncidences quand un fait de cette ampleur se produit.

En quoi un signe est-il différent ?

Le signe est la réponse de l'univers à une demande directe de soutien et de conseil, comme par exemple demander quelque chose de spécifique – un papillon ou une plume – afin de vous rassurer. En vous connectant à l'univers de cette façon, vous ouvrez un canal de communication direct.

Cinq modes de communication de l'univers

Nombres qui se répètent : des séquences ou des schémas numériques peuvent indiquer que l'univers essaie de communiquer avec vous. Des chiffres qui s'affichent sur un reçu, une pompe à essence, une plaque d'immatriculation… Chaque suite numérique peut avoir une foule de significations, alors notez bien ce que vous voyez et faites des recherches sur Internet. Souvent, quand j'ai besoin d'être rassurée, je vois 11.11. Pendant les deux mois qui ont précédé la proposition d'écrire ce livre, chaque fois que je regardais une horloge ou mon téléphone, l'heure constituait une séquence répétitive : 12 h 12, 14 h 14, 17 h 17… Tout en ignorant ce qui se préparait, je savais au fond de mon âme que c'était là la façon qu'avait l'univers de me dire qu'un événement extraordinaire allait survenir.

Êtres vivants : différemment interprété par chaque tribu amérindienne, le papillon symbolise le changement, la transformation et l'espoir. La libellule, quant à elle, peut traduire le besoin de s'adapter.

Voir des paons peut signifier une promotion ou des changements professionnels positifs.

Plumes : les plumes, et en particulier les blanches, sont le signe que les anges vous protègent et vous accompagnent.

Paroles d'une chanson : si vous vous sentez très connecté aux paroles d'une chanson, il y a peut-être là, enfoui et prêt à être exhumé, un message de l'univers.

Contretemps : un vol retardé, un embouteillage en amont d'un rendez-vous crucial, une grosse fièvre avant un entretien d'embauche, un rendez-vous annulé à la dernière minute… Un contretemps n'a pas que des aspects négatifs : ce peut être, pour l'univers, un moyen de vous sauver – parfois littéralement. Votre niveau d'énergie est bas ? C'est peut-être cette faible fréquence vibratoire qui attire à vous tous ces contretemps. Le temps est peut-être venu d'une réinitialisation.

Solliciter un signe

Il arrive que votre boussole intérieure tente de vous diriger vers la bonne direction, mais que les distractions du quotidien vous empêchent de voir le prochain virage, ou même de savoir si vous vous trouvez sur la bonne voie. C'est là que vous devez entamer un dialogue avec l'univers.

Soyez clair sur le signe que vous aimeriez voir. Sollicitez ce que vous ne voyez pas tous les jours. Par exemple, ne demandez pas une fleur rose si votre jardin en est rempli. En revanche, un gorille bleu ou un ballon jaune… Choisissez une chose avec laquelle vous vous sentez intuitivement en phase. À ce stade, inutile de vous imaginer à quoi cela ressemblera vraiment, puisque n'oubliez pas que le « comment » et le « quand » ne sont pas votre problème. Demander quelque chose qui sorte de l'ordinaire sera encore plus miraculeux lorsque cela apparaîtra.

Ensuite, verbalisez votre demande : « Univers, s'il te plaît, montre-moi un ballon jaune et fais-moi savoir si je suis sur la bonne voie ».

Maintenant, lâchez totalement prise et acceptez de vous focaliser sur une sensation de bien-être plutôt que de chercher non-stop un ballon jaune. Le signe peut prendre différentes formes. Vous verrez peut-être un ballon de baudruche jaune s'envoler dans le ciel ou représenté sur le pull d'un enfant, ou en photo dans un journal.

La première fois que vous verrez un signe, vous aurez la sensation d'un petit miracle, mais c'est absolument le mode de vie qui s'offre à vous une fois que vous vous abandonnez aux lois universelles.

Que se passe-t-il si vous pensez avoir reçu votre signe sans toutefois être certain qu'il vous soit destiné ? Si vous avez vu un ballon orange et non jaune ?

L'univers vous apportera exactement ce que vous avez demandé ; donc, si vous vous trouvez en position de remettre en question votre signe, retournez à votre tableau de visualisation spirituel.

S'il semble parfois plus facile de manipuler un signe un peu flou afin qu'il s'adapte à vos besoins, ce n'est pas une façon saine de consolider votre lien à l'univers. Si vous avez demandé un ballon jaune, un ballon jaune vous recevrez.

Et si le signe n'apparaît pas ?

Vous avez maintenant compris que la patience était la clé d'un travail en toute harmonie avec la source supérieure, mais si vous attendez encore qu'un signe apparaisse… c'est peut-être un signe !

Soyez à l'écoute de votre ressenti du moment et laissez-vous porter par votre instinct.

Vous savez désormais que l'univers vous épaulera toujours afin de découvrir la meilleure version de vous-même et qu'il vous soutiendra inconditionnellement. Voilà pourquoi l'absence de signe peut tout à fait être le signe dont vous avez besoin.

Un signe n'est pas une béquille

Lorsque vous ouvrez pour la première fois des canaux de communication avec l'univers, l'enthousiasme peut conduire à confondre ce qui est et ce qui n'est pas un signe. Dans ce cas, Google est un allié précieux et chaque décision prise repose sur ce que l'univers juge être le mieux pour vous.

Cependant, je vous conseille de ne pas user des signes comme d'une béquille. Ne devenez pas dépendant et ne voyez pas des signes partout. Dans la vie, les choses arrivent, point.

Vous saurez instinctivement si vous êtes en phase avec le signe que vous voyez. Si c'est le cas, soyez à l'écoute de ce qui est canalisé : l'univers qui vous guide n'est pas un biais de confirmation (lorsque l'esprit cherche et interprète des informations pour soutenir les croyances). C'est à vous de comprendre qu'il ne faut pas forcer le destin. Soyez suffisamment fluide pour recevoir tous les messages qui vous sont destinés.

Encore quelques mots…

Lorsque j'ai commencé à écrire ce livre, mon but était de partager des récits de manifestation et toute la magie que j'ai expérimentée depuis sept ans. Cependant, au fil de la rédaction, j'ai senti que je devais évoquer la spiritualité et l'âme, mais aussi la stratégie et la science.

Dépouillée des conseils, des trucs et des astuces, seule demeure la beauté de la manifestation moderne : une théorie qui vient sous-tendre nos pensées, nos comportements et nos actes, mais aussi la magie merveilleusement inexplicable de l'univers.

Véritable tandem, théorie et magie ne vont pas l'une sans l'autre et se complètent parfaitement, condition *sine qua non* pour vivre en véritable harmonie.

Si les gourous de la loi de l'attraction nous ont d'abord fait croire qu'un esprit positif suffisait pour que nos pensées deviennent réalité, nous avons pris conscience que, pour faire l'expérience d'une vie de création conjointe ultime avec l'univers, quelques ingrédients supplémentaires étaient nécessaires.

Par exemple, il est plus difficile d'atteindre les objectifs de l'âme sans être rompu à la définition d'intentions.

Les actions inspirées sont également plus ardues si l'on en sait différencier la voix de l'instinct de celle de l'égo.

Sans parler de la difficulté à modifier une fréquence vibratoire sans la connaissance nécessaire pour briser les croyances limitantes.

Toutes les pages de ce livre sont liées les unes aux autres, chaîne de conseils, de réassurance et de soutien. Elles sont conçues pour être lues en intégralité, puis consultées en cas de besoin.

Comble de l'ironie, il est souvent plus compliqué d'implémenter des changements positifs que de demeurer dans sa bulle de négativité, mais même le plus infime conseil de cet ouvrage, une fois mis en œuvre, peut faire une incroyable différence.

L'essentiel reste notre lien à l'univers. La manifestation ne se résume pas à appeler de ses vœux quelque chose qui se concrétisera instantanément. Ni de prendre sans jamais redonner. Ni de posséder tout ce que l'on désire sans, de temps en temps, aller à la rencontre de l'univers.

La manifestation n'est pas toujours immédiate. Il arrive de ne pas recevoir ce que l'on a demandé. Parfois il faut attendre. Parfois il faut admettre que nous ne sommes pas sur la bonne voie, pas encore en phase avec ce que nous voulons attirer.

Nous ne pouvons pas changer ce qu'une personne éprouve à notre égard. Nous ne pouvons pas modifier le chemin d'un autre. Nous ne pouvons rien manipuler pour notre bénéfice au détriment d'autrui.

Cependant, malgré tout, l'enthousiasme et l'espoir d'être divinement guidé vers la meilleure version de soi-même sont indescriptibles. À chaque journée ses nouvelles possibilités. Chaque détour, chaque leçon, chaque bénédiction nourrit notre relation à l'univers et, plus important encore, à nous-même.

Comprendre que vous êtes le créateur de votre propre existence, que vous avez la maîtrise de vos pensées et que vous pouvez modifier votre réalité… est la quintessence de la liberté.

J'espère qu'au cours du voyage que nous venons d'accomplir ensemble, vous avez commencé à remarquer des changements dans votre vie, à modifier votre état d'esprit et à être à l'écoute de votre fréquence. Ce qui commence par de petits changements peut évoluer en moments qui bouleversent la vie ; puis, très vite, attirer vos désirs deviendra une seconde nature.

Je veux que vous sachiez que vous êtes capable de manifester tout ce que vous désirez et que vous méritez de manifester tout ce que vous désirez. Maintenant que vous possédez tous les outils, conseils et techniques, je n'ai plus qu'une question…

Qu'attendez-vous ?

Références

Byrne, Rhonda, *Le Secret*, Un Monde différent, 2008.

Hay, Louise, *Transformez votre vie*, Marabout, 2019.

Hill, Napoleon, *Réfléchissez et devenez riche*, Trésor caché, 2018.

Kroese Floor, M., De Ridder, Denise T.D., Evers, Catherine., Adriaanse, Marieke. A. Bedtime *procrastination : introducing a new area of procrastination*, Frontiers in Psychology, 19 juin 2014, http://www.frontiersin.org/articles/10.3389/fpsyg.2014.00611/full, (en anglais, toujours en ligne en avril 2022).

Openshaw, Robyn, *Vibe*, New York : Gallery Books, 2017.

Peale, Norman Vincent, *La Puissance de la pensée positive*, Marabout, 2019

Swart, Tara, *La Source : ouvrez votre esprit, changez votre vie*, Pocket, 2021.

Index

R

S

T

U

V

Remerciements

Avec tant de personnes extraordinaires dans ma vie, par qui commencer ? Par ma famille, pour avoir toujours cru en mon rêve d'être une auteure publiée, pour me répéter qu'un « Jackson peut tout faire » et pour se réjouir de tous mes succès, petits ou grands.

Par mes amis : merci de me soutenir inconditionnellement, même si nous ne nous voyons pour certains d'entre vous qu'une ou deux fois par an. Je me sens incroyablement chanceuse d'avoir tant d'amis à remercier que je ne peux tous les mentionner sur cette petite page – je pourrais écrire un autre livre sur tout ce que vous avez apporté à ma vie.

Kimberly, merci de m'avoir fait respecter chaque jour avec amour un programme rédactionnel strict. Tabara, merci pour tes conseils et tes convictions et pour avoir partagé tes secrets d'auteure avec moi. J'avais hâte de te rendre la pareille.

Merci à toute l'équipe d'Octopus Publishing – Natalie, Sarah, Juliette, Emily, Elise et Rosamund – de m'avoir offert l'opportunité de partager l'art de la manifestation avec le monde entier quand j'ai longtemps pensé que personne ne voudrait m'écouter. Ce fut un plaisir de travailler avec vous, notamment dans ma quête perpétuelle de la parfaite palette de couleurs !

Merci à *The Manifestation Collective*, communauté née d'un groupe Facebook de 20 personnes en 2019, sans laquelle rien n'aurait été possible. Vos questions et vos quêtes ont été ma source d'inspiration tout au long de la rédaction de ce livre. Merci d'avoir été à mes côtés.

Et bien entendu, merci à l'univers d'avoir créé conjointement avec moi ce merveilleux moment d'existence. Merci de m'avoir guidée, même quand je pensais ne plus avoir les mots.

Enfin, je souhaite dédier ce livre à ma chère Matilda, qui m'a convaincue que je pouvais devenir tout ce que je voulais dans la vie, même une sirène couverte de paillettes et fan de licornes…